需求侧管理

双循环格局下
中国经济新动能

豆大帷◎著

中国经济出版社
CHINA ECONOMIC PUBLISHING HOUSE
北 京

图书在版编目（CIP）数据

需求侧管理：双循环格局下中国经济新动能 / 豆大帷著．—北京：中国经济出版社，2021.5

ISBN 978-7-5136-6462-2

Ⅰ．①需… Ⅱ．①豆… Ⅲ．①中国经济－循环经济－经济发展－研究 Ⅳ．① F124.5

中国版本图书馆 CIP 数据核字（2021）第 072585 号

责任编辑 张梦初 陈宇慧

责任印制 巢新强

封面设计 卓义云天

出版发行 中国经济出版社

印 刷 者 北京市联华印刷厂

经 销 者 各地新华书店

开　　本 710mm × 1000mm 1/16

印　　张 15.5

字　　数 200 千字

版　　次 2021 年 5 月第 1 版

印　　次 2021 年 5 月第 1 次

定　　价 59.80 元

广告经营许可证 京西工商广字第 8179 号

中国经济出版社 **网址** www.economyph.com **社址** 北京市东城区安定门外大街58号 **邮编** 100011

本版图书如存在印装质量问题，请与本社销售中心联系调换（联系电话：010-57512564）

Preface | 自　序

2015年11月，中央财经领导小组第十一次会议首次提出供给侧结构性改革。2020年，我国供给侧结构性改革取得了显著成效。面对经济发展新阶段的新问题，2020年的中央经济工作会议提出“要紧紧扭住供给侧结构性改革这条主线，注重需求侧管理”“形成需求牵引供给、供给创造需求的更高水平动态平衡”，这为我国“十四五”时期的经济发展奠定了基调。

2021年作为“十四五”的开局之年，聚焦需求侧管理，构建双循环新发展格局，在我国现代化建设进程中具有特殊意义。需求侧管理的提出，标志着我国政府全面扩大消费、全面推动改革的决心。

作为一名深耕科技领域二十余年的创业者，我目睹了中国经济加速迈向高质量发展：自新冠肺炎疫情暴发以来，我国经济逆势复苏、科技实力不断增强、创新动能加速释放，激荡出开局起步之年的新气象，这一切都来自中国经济的强劲韧性与潜能。

中国是经济全球化的受益者，更是世界经济发展的贡献者。而对于生于斯、长于斯的中国企业家群体而言，我们都是改革开放40多年的见证者、亲历者和受益者。对中国经济的长期观察与思考以及对中国经济未来增长的坚定信心，是驱动我创作本书的初衷。

此外，读博的经历也是我创作本书的一个重要动力。2020年，我开始攻读美国亚利桑那大学的管理博士（DM）学位。在读博期间，我有幸结识了一群才华横溢、知识渊博的师长与同学。他们都是来自各个领域的佼佼者：上市公司主席、董秘、独董、大学教授、中学校长、国内知名学者……大家同窗共砚、如琢如磨，畅谈中国经济的未来发展、分享各自领域的行业资讯，这无疑是一次充满愉悦而颇受裨益的体验。

在亚利桑那大学管理博士的课程体系中，“国际经济与政治环境”是一项重要的课程模块，开设了全球宏观经济环境分析、中国产业政策分析等具体课程。教授这些课程的都是来自清华大学和上海交通大学的德高望重、学富五车的泰斗级经济学家，他们在“十四五”规划、双循环、新基建、需求侧管理等重大经济课题的研究方面，既有高屋建瓴的学术视野，又具备扎实深厚的学术功底，其博闻强识、严谨求实的治学态度让我获益良多，开阔了我对当前宏观经济、产业政策的认识。

需求侧管理是什么？我国从2015年开始推进供给侧结构性改革，消化过剩产能，推动行业转型升级，均取得了不错的成效。“在加强供给侧结构性改革的同时，要兼顾需求侧改革”的提出，标志着我国开始向消费主导型经济体转型，需求侧管理就是要为这一转型扫清障碍。在经济高速发展的过程中，如果我国经济能够实现高质量发展，实现提质增效，就能为居民收入与消费的持续增长奠定更加扎实的基础。

需求侧管理是一项复杂的，具有远大战略意义的系统性工程，其目标在于“形成强大的国内市场，满足国内各类市场主体的需求，全面释放需求的活力与潜力，牢牢把握需求变化趋势，推动消费升级与需求升级，让供给与需求实现良性互动”。具体来看，需求侧管理涵盖的内容非常丰富，包括扩大内需、构建完整的内需体系、建立健全社会主义经济体制、完善社会分配制度、加强现代流通体系建设、扩大对外开放、形成供需对接机制等。

需求侧管理是党中央在对国内外经济发展形势进行综合分析的基础上提出的重大战略，不仅是全面深化改革的必然趋势，而且是充分发挥我国超大规模市场优势，应对复杂多变的国际环境的重大抉择。

为什么进行需求侧管理？以国内大循环为主体、国内国际双循环相互促进的新发展格局的形成离不开供给与需求的双重支持。双循环新发展格局的形成要对供给与需求之间的关系进行优化处理，在中国经济体制改革的大背景下同时推进供给侧结构性改革与需求侧管理，让它们共同服务于经济高质量发展，促使需求与供给形成良性互动。

虽然影响国民经济发展的因素有很多，但供给与需求是两个最基本的因素。在国民经济发展过程中，宏观层面的经济体系、经济结构、经济布局等，微观层面的产品种类、产品质量、产品价格等，都要满足居民多元化的消费需求，最终实现供给与需求相匹配，使经济发展与国内外的需求相适应。

随着国际需求的不确定性加剧，我国要将经济发展的重点转向国内，坚持以扩大内需为战略基点，建立健全内需体系，将扩大内需与供给侧结构性改革相结合，以高质量的供给创造新需求，引导新消费。

需求侧管理应该怎么做？一个完整的经济循环由四个环节构成，分别是生产、分配、流通、消费，其中生产对应供给侧，需求对应需求侧，分配对应社会居民收入与消费能力，流通则是生产与消费的重要链接。从这个角度看，供给侧结构性改革与需求侧管理的发力点有很多相同之处。供给侧结构性改革的主要目的是优化产业结构，满足居民多元化、个性化的消费需求；需求侧管理的主要目的是解决分配问题，调整需求总量与结构，引导居民扩大消费，促使消费与需求形成良性互动。具体来看，需求侧管理要做好以下三点。

第一，深化收入分配制度与体系改革，对初次分配以及再分配改革进行综合考虑，推动土地制度、住宅制度、社会保障体系、医疗保障体系、教育体系等全面改革，充分释放我国居民的消费能力，进一步增加内需总量，调整内需结构。

第二，与供给侧结构性改革相互配合。内需总量的扩大有赖于供给质量的提升，这就要求我国现行的产业体系专注于产品与服务创新，提高供给质量，扩大供给种类，疏通流通渠道，将产品与服务通过全国统一的市场快速送到消费者手中。

第三，加强宣传与教育，让消费者接受新产品、新服务、新的消费理念与消费方式，这是扩大内需、畅通国际国内双循环的重要举措。新消费理念与消费方式在一定程度上体现了消费变革与消费结构升级的重要方向，是引领消费的重要力量。因此，我国要加快培育新的商业形态与新的消费模式，包括线上零售、智慧旅游、互联网教育与医疗等，扩大新型消费规模。同时，为顺应新型消费发展趋势，我国要出台相关政策推动电子商务、共享经济有序发展，建立健全消费者权益保护体系，创造良好的消费环境，刺激居民扩大消费。

豆大帷

2021年5月1日

中国·深圳

Preface | 前　言

2020年12月召开的中共中央政治局会议首次提出需求侧改革，并引发了市场热议。当前，国内外环境均处于经历巨大变化的关键阶段，需求侧改革提出的重要性不言而喻，并有望成为“十四五”时期经济工作的一条主线。

在一个完整的经济循环中，供给侧是起点，需求侧是终点，这些均在很大程度上影响着整个经济循环的顺畅运行。2015年开始的供给侧改革便是立足于当时的经济大环境，从循环的起始环节入手优化要素配置、调整经济结构，从而促进经济社会持续健康发展。经过几年的努力，“三去一降一补”卓有成效，我国的产业结构也明显优化升级。

但2019年以来，我国经济发展所处的环境发生了较大变化。一方面，国际环境日趋复杂，不稳定性、不确定性明显增加，新冠肺炎疫情的暴发又加剧了经济全球化的逆流，贸易单边主义和保护主义逐渐抬头；另一方面，国内经济增长速度进一步放缓，人们的消费需求也随之下滑……这些都给我国的经济增长带来了巨大的挑战。

随着国内疫情逐渐得到控制，我国经济也开始呈现复苏态势。但具体来看，需求端的恢复明显慢于生产端，而且不同产业的恢复情况也不尽相同。这不仅反映出我国经济的有效需求不足、内生动力欠缺，而且说明供需错配情况依然十分明显。需求侧改革的提出正是为了优化我国的需求结构、培育完整内需体系，把实施扩大内需战略同深化供给侧结构性改革有机结合起来，以创新驱动、高质量供给引领和创造新需求。

国内的有效需求之所以不足，原因主要有两个：

第一是居民贫富差距的持续扩大。根据凯恩斯对于消费倾向的分析，在通常情况下，总消费量主要取决于总收入量，居民的消费会随着收入的增长而增加。但由于边际消费倾向递减规律的存在，中产阶级才是决定社会消费需求的中坚力量。近年来，由于房价的不断上涨以及互联网等相关新兴产业的发展，我国的贫富差距不断拉大，更多的社会财富流入了边际消费倾向更低的富裕阶层，使得我国社会的整体消费需求无法得到有效提升。

第二是投资结构与经济增长的不匹配。长期以来，由于需求侧的刺激，我国大量的资源都流向了房地产等行业，而与人民生活密切相关的一些产业发展却不容乐观。2015年开始的供给侧结构性改革，虽然有效优化了生产端的资源配置，但需求侧的投资结构与我国当前的经济增长特征仍然极不匹配。比如，房地产等相关的投资仍然在投资结构中占据较大比重，而影响我国综合实力的战略性新兴产业的投资仍有待提升；在居民消费观念已经升级的情况下，需求量极大的高端消费和服务供给严重不足；等等。

而要有效推进需求侧改革，形成以国内大循环为主体、国内国际双循环相互促进的新发展格局，尤其需要创造增量消费需求、盘活存量消费需求和引导消费需求回流。

近年来，为了缩小贫富差距、优化居民的收入分配结构，我国政府陆续采取了一系列措施，比如，在市场经济领域，反垄断和不正当竞争；在惠民利民方面，实施个人所得税改革、小微企业普惠性税收减免、深化增值税改革和降低社会保险费率；等等。而随着需求侧改革相关措施的陆续推出，我国居民的收入分配结构将迎来进一步改革。届时，中等收入群体的占比会扩大，居民的收入分配结构将从“金字塔形”向“纺锤形”转变。在这样的收入分配结构中，社会整体的消费倾向和消费能力也将大大提升。

我国的存量消费需求不理想，产业结构与居民的消费需求不匹配是重要原因。改革开放以来，经过多方面的共同努力，我国的综合实力显著提升，但是在一些创新科技和核心技术方面，我国与国际先进水平之间仍然存在比较大的差距，这也导致了我国的很多产业发展受制于人。比如，由于中美之间的贸易冲突，美国断供华为芯片，并将其列入“实体清单”，使得华为在全球智能手机市场的发展受阻。需求侧改革的提出，有望优化我国产业的投资结构，打造结构优化、集约高效、经济适用、智能绿色、安全可靠的现代化基础设施体系，从而盘活存量消费需求。

此外，受疫情管控等的影响，境外消费需求开始向国内回流。根据相关的统计数据，我国居民以往境外消费数额巨大，而这部分消费需求的回流对国内经济的发展具有明显的带动作用。但需要重视的是，只有打通制约消费的价格屏障、服务屏障等堵点，才能够持续扩大内需。

“十四五”时期是我国现代化建设进程中具有特殊重要性的关键节点，需求侧改革的提出，不仅有利于优化我国的经济结构，也是双循环战略下的重要布局。随着带动内需诸多举措的推出以及新基建的布局和落地，需求侧这一经济循环终点环节的改革必将为我国经济的发展注入强劲动力。

Contents | 目　录

第一部分
“十四五”规划：擘画新蓝图、开启新征程

第二部分 双循环：“十四五”时期的经济底层逻辑

第三部分
需求侧改革：实现供给与需求动态平衡

第四部分
需求侧管理：引领中国经济增长新动能

1

第一部分

“十四五”规划：擘画新蓝图、开启新征程

第一章

新发展阶段：全面建设现代化强国

“十四五”规划与2035年远景目标

2020年10月召开的党的十九届五中全会审议通过了《中共中央关于制定国民经济和社会发展第十四个五年规划和二〇三五年远景目标的建议》，对未来五年的社会发展做了顶层规划，涵盖了经济、科技、农业、工业、文化、教育等方方面面的内容，对建设社会主义现代化国家、实现中华民族的伟大复兴产生了深远影响。

在我国社会主义现代化建设进程中，“十四五”时期是一个重要的节点。一方面，在进入“十四五”时期之前，我国完成了第一个百年奋斗目标；另一方面，进入“十四五”时期标志着我国开启全面建设社会主义现代化国家新征程，这五年是我国朝着第二个百年奋斗目标前进的第一个五年。为了做好“十四五”规划，党的十九届五中全会对我国面临的内外形势进行了深入分析，围绕国民经济与社会发展提出以下建议。

◆2035年远景目标

第二个百年奋斗目标分两个阶段实现，第一阶段是到2035年基本实现社会主义现代化，具体目标如下。

（1）到2035年，我国的经济实力、科技实力、综合国力大幅提升，经济总量提升到一个新的水平，居民收入水平再上新台阶，关键核心技术领域取得重大突破，进入创新型国家前列。

（2）新型工业化、信息化、城镇化、农业现代化建设目标基本完成，并建成现代化经济体系。

（3）基本实现国家治理体系与治理能力现代化，充分保障人民平等参与、平等发展的权利，法治国家、法治政府、法治社会建设目标基本实现。

（4）文化强国、教育强国、人才强国、体育强国、健康中国建设目标基本实现，推动国民素质与社会文明程度再上新台阶，大幅提升国家文化软实力。

（5）绿色生产生活理念深入人心，碳排放量不断下降，生态环境从根本上发生好转，全面推进美丽中国建设，各项目标基本实现。

（6）进一步提高对外开放水平，基本形成对外开放新格局，在参与国家竞争与经济合作方面形成新优势。

（7）人均国民生产总值达到中等发达国家水平，中等收入群体规模显著扩大，基本公共服务实现均等化，城乡发展差距、居民收入差距显著缩小。

（8）平安中国建设取得显著成绩，国防现代化、军队现代化建设目标基本实现。

（9）人民生活水平不断提升，人的全面发展、全体人民共同富裕等事业取得实质性进展。

◆ “十四五”时期经济社会发展主要目标

以2035年的远期发展目标为导向，对国内外的发展趋势与我国现有的发展条件进行综合分析，坚持目标导向与问题导向相结合，制定了“十四五”时期我国经济社会发展的主要目标，具体分析如下。

（1）经济发展取得新成效。发展是解决一切问题的关键，“十四五”时期，我国必须坚持新发展理念，全面提升发展质量与效益，在此基础上实现可持续发展。同时要充分发挥国内市场的增长潜力，不断壮大国内市场，优化经济发展结构，提升科研机构、企业等组织的创新能力，建成现代化的产业链体系，进一步巩固农业基础，提高城乡区域协调发展水平，持续推进现代化经济体系建设。

（2）改革开放迈出新步伐。“十四五”时期，我国要进一步完善社会主义市场经济体制，基本建成高标准的市场体系，充分释放各个市场主体的活力，进一步完善公平竞争制度，全面推动产权制度改革，完善要素市场化配置，基本建成更高水平的开放型经济新体制。

（3）社会文明程度得到新提高。“十四五”时期，我国要进一步提高人民群众对社会主义核心价值观的理解与认知，全面提高人民群众的思想道德素质、科学文化素质与身心健康素质，进一步完善公共文化服务体系和文化产业体系，丰富人民群众的精神文化生活，切实提高中华文化的影响力与中华民族的凝聚力。

（4）生态文明建设实现新进步。我国要进一步优化国土空间开发保护格局，大力发展绿色生产生活方式，全面优化能源资源配置，大幅提升资源利用效率，不断减少主要污染物排放，全面改善生态环境，打造更坚实的生态安全屏障，促使人居环境得以明显改善。

（5）民生福祉达到新水平。提高就业质量，实现充分就业，从根本上解决就业难题，促使居民收入水平与国民经济发展水平保持一致，进一步改善收入分配结构，促使基本公共服务均等化水平明显提升，全民受教育水平不断提升，建立多层次社会保障体系，完善卫生健康体系，进一步巩固脱贫攻坚成果，推动乡村振兴取得显著成果。

（6）国家治理效能得到新提升。进入“十四五”时期，我国要进一步健全社会主义民主法治，完善国家行政体系，彰显社会公平与正义，进一步提高政府的行政效率与公信力，尤其是基层治理能力与水平，让政府的作用得到更好的发挥。同时要不断完善重大风险防范机制，进一步提高突发公共事件的应急能力以及自然灾害的抵御能力，为发展安全提供全方位保障。

科学把握新发展阶段的时代内涵

在社会主义建设过程中，我国要经历很多发展阶段。这里所说的新发展阶段指的是我国全面建成小康社会、实现第一个百年奋斗目标之后，开启全面建设社会主义现代化国家新征程、向第二个百年奋斗目标进军的发展阶段，可以从不同维度来理解。

◆从现代化维度看，新发展阶段是全面建设社会主义现代化国家的发展阶段

从现代化维度看，在新发展阶段，我国要持续推进社会主义现代化建设，分两个阶段来实现：第一个阶段是2020—2035年，在全面建成小康社会的基础上再奋斗三个五年，基本完成社会主义现代化建设；第二个阶段是2035年到21世纪中叶，在基本完成社会主义现代化建设的基础上再奋斗三个五年，完成富强民主文明和谐美丽的社会主义现代化强国建设。在这个新发展阶段，“十四五”时期是开局时期。

◆从经济发展维度看，新发展阶段是我国经济由高速增长转向高质量发展的阶段

面对“人民日益增长的美好生活需要和不平衡不充分的发展之间的矛盾”，我国要坚持高质量发展理念，解决经济发展不平衡不充分的问题。与高速发展阶段的不同之处在于，在新发展阶段，我国要根据实际国情创新发展路径，增加优质产品与服务的供给，让城乡区域实现协调发展，在整合资源解决社会主要矛盾的过程中，推动经济社会实现健康可持续发展。

◆从国家治理维度看，新发展阶段是不断推进实现国家治理体系和治理能力现代化的阶段

在新发展阶段，我国要紧紧围绕提升国家治理效能，深刻把握我国发展要求与时代潮流，着重做好制度建设与治理能力建设，不断推进各领域的体制机制改革，持续完善中国特色社会主义制度建设，到2035年基本实现国家治理体系和治理能力现代化，基本完成法治国家、法治政府、法治社会建设。

◆从民族复兴维度看，新发展阶段是中华民族伟大复兴历史进程的大跨越阶段

自改革开放以来，我国的经济实力、科技实力、综合国力都有了很大的提升，已经成为仅次于美国的世界第二大经济体，在工业、货物贸易、外汇储备方面都高居世界第一，人均国民生产总值连续两年超过1万美元，城镇化率超过了60%，中等收入群体的规模在4亿人口的基础上不断扩大，距离“我国人均国内生产总值将达到中等发达国家水平，中等收入群体显著扩大，基本公共服务实现均等化，城乡区域发展差距和居民生活水平差距显著缩小”的目标越来越近。在这个阶段，人可以实现全面发展，全体人民共同富裕将取得实质性进展，中华民族的伟大复兴将迈出关键一步。

新发展阶段面临的机遇与挑战

进入新发展阶段之后，我国依然面临着很多机遇与挑战，但这些机遇与挑战都有了新变化，呈现出新特点，具体分析如下。

◆国际形势：世界正经历百年未有之大变局

从国际形势看，当前国际政治、经济形势复杂多变，进入百年未有之大变局，主要表现在以下几个方面：

（1）虽然经济全球化、社会信息化在发展过程中遇到了一些障碍，但始终在向前推进，新兴经济体快速崛起，发展中国家发展速度越来越快，国际力量对比深刻调整，世界经济格局正在重构。

（2）新一轮科技革命与产业革命正在全球范围内开展，国际市场上的竞争愈演愈烈，对人类的生活方式、生产方式、思维方式产生了深刻影响，对世界格局的重构产生了积极的促进作用。

（3）新冠肺炎疫情在全球蔓延使得人们对人类命运共同体这一概念的认知更加深刻，主张维护世界和平的力量不断壮大，和平与发展仍是时代主题。

（4）全球经济发展面临的不确定性因素越来越多，全球市场疲软，再加上部分国家推行贸易保护主义、孤立主义、排外主义、民粹主义政策，给经济全球化造成了严重阻碍。

（5）贫富两极分化日益严重，地区热点问题频发，世界各国都面临着恐怖主义、网络安全、重大传染性疾病、气候变化等问题的威胁，治理赤字、信任赤字、和平赤字、发展赤字等问题越发严重。在此形势下，我国必须增强风险意识，提高应对各种风险的能力。

◆国内形势：我国进入新发展阶段

从国内形势看，在新发展阶段，我国社会主义现代化建设、中华民族伟大复兴进入关键时期，发展环境面临着深刻改变，具体表现在以下几个方面：

（1）自改革开放以来，尤其是党的十八大以来，在党中央的领导下，我国各族人民团结一心、努力奋斗，促使我国经济实力、科技实力、国防实力、综合国力不断提升，进而带动我国的国际地位不断提升，各行业、各领域都呈现出新的发展面貌。

（2）进入新发展阶段之后，我国开始由高速发展转向高质量发展，制度优势充分显现出来，治理效能大幅提升，经济发展形势越来越好，物质基础、人力资源储备越发雄厚，市场发展空间越来越广，发展韧性越来越强。在稳定的社会基础上，我国将顺利进入高质量发展阶段。

（3）进入新发展阶段之后，我国面临着很多新的挑战：经济发展依然面临着不平衡、不充分的问题，重点领域关键环节亟待改革，创新能力不足，无法满足高质量发展要求，农业基础不牢，城乡居民的收入差距较大，生态问题依然突出，民生保障、社会治理制度都亟待完善，等等。在此形势下，我国要想在新发展阶段全面推进社会主义现代化建设，推动各领域协调发展，必须解决上述问题。

总而言之，进入新发展阶段之后，面对国内国外的各种机遇与挑战，我国要想实现高质量发展，必须坚持辩证思维。一方面，要强化机遇意识，充分认知百年未有之大变局带来的各种机遇，以过去几十年各族人民艰苦奋斗取得的各项成果、积累的丰富经验为基础，积极参与国际竞争与合作，抢占先机、顺势而为、抢占主动权，在动荡不安的环境中开辟一个全新的发展局面。另一方面，我国要增强风险意识，深刻认知错综复杂的国际环境带来的风险与挑战、我国社会主要矛盾变化产生的新要求，以积极主动的姿态迎接挑战，在危机中发现机遇，逆势发展。

我国新发展阶段的工作目标与任务

为了让“十四五”有个良好的开端，必须准确把握新发展阶段的新要求，明确新发展阶段的工作目标与任务，具体要做到以下几点。

◆以系统观念推进发展

在全球化的背景下，我国的发展不能只考虑国内因素，还要考虑国外的政治、经济形势，坚持以“安全”和“发展”为立足点，以党中央为核心，充分发挥各地区、各行业的积极性，巩固社会经济发展的基础，发挥优势、补足短板、强化弱项，提高发展速度与质量，优化经济结构，扩大经济效益，保障发展安全。同时，我国的发展要全面贯彻党的十九届五中全会的精神，从科技、经济、文化、国防、教育等领域把握新发展阶段的工作重点。

◆贯彻新发展理念，推动高质量发展

在新发展阶段，我国要全面贯彻创新、协调、绿色、开放、共享的新发展理念，将高质量发展作为经济发展的重中之重，根据不断变化的发展环境、发展条件调整发展方式，推动经济发展质量、效率与动力持续变革，始终将质量与效益放在首位，全面提升经济、社会、文化、生态等行业的发展质量与效率，实现更高水平的公平与安全，让全体人民共享发展成果。

◆加快构建新发展格局

坚持扩大内需战略，以国内规模庞大的市场为依托，打通生产、分配、流通、消费等环节，最大限度消除行业壁垒，破除地方保护，让国民经济形成良性循环。之后，在国内大循环的基础上发挥比较优势，在

壮大国内市场的同时全面推进贸易强国建设，利用国内市场规模大、消费潜力大的优势吸引全球优质的资源，对国内的市场资源与国际市场资源进行整合，促进内需与外需、出口与进口、引进外资与对外投资协调发展，形成双循环新发展格局。

◆以科技创新催生新发展动能

在社会主义现代化建设的新阶段，仍要坚持以创新为核心，强化国家战略科技力量，鼓励企业提高创新能力，培养更多高技术人才，释放人才的创新能力，建立健全创新体制机制，拓展新的发展空间，创造新的发展机遇，打造推动经济发展的新引擎，做好关键核心技术领域的攻坚克难，为扩大新技术应用范围、推动技术迭代升级创造良好的环境，促使最新的技术成果尽快落地，转化为现实的生产力，助力经济转型发展。

◆以深化改革激发新发展活力

面对复杂多变的国内外形势，在新发展阶段，我国要坚持以改革为突破点，充分发挥改革的突破作用与先导作用，在多变的形势中开创新局面。在这个过程中，我国要努力创建现代化的国家治理体系与治理能力，创新体制机制推动经济高质量发展，对各种优势资源进行整合，增强发展动力，通过改革推动社会经济实现更好的发展。

◆提高社会建设水平

新发展阶段依然要坚持以人民为主体，最大限度满足人民群众在新发展阶段提出的新诉求，实现充分就业，提高就业质量，建立健全基本公共服务体系，向共同富裕目标稳步迈进，促进人的全面发展、社会的全面进步。建立共建共治共享的社会治理制度，促使政府治理、社会调节与居民自治良性互动，形成人人有责、人人尽责、人人享有的社会治理共同体。

社会主义现代化强国建设、中华民族伟大复兴的实现无法一蹴而就，需要历经几十年，甚至上百年，需要几代人共同努力。新发展阶段是社会主义现代化强国建设过程中的一个重要阶段，要发挥我国独有的制度优势、文化优势、政治优势，增强底气、树立信心，完成新发展阶段的各项任务。

第二章
新发展理念：推动经济高质量发展

新发展理念的基本特征与内涵

党的十八大以来，党中央基于对经济发展形势的科学判断提出了很多理念，其中新发展理念非常关键。正是在新发展理念的引导下，我国经济发展才取得了一系列重大成就。在“十四五”时期乃至之后的更长时间，我国经济发展都要全面贯彻新发展理念。想要深入理解新发展理念，首先要理解新发展理念的内涵与基本特征。

◆创新理念

创新是发展的第一驱动力，其不仅有助于我国全面建成小康社会、顺利实现第一个百年奋斗目标，而且在开启全面建设社会主义现代化国家新征程中具有重大的战略意义。科技创新可以深化改革，带动我国经济实现高质量发展，由产业链的中低端向中高端迈进。同样，科技创新也能够进一步提升我国的经济实力和竞争力，为“十四五”规划和2035年远景目标的实现提供保障。

当前，新一轮科技革命和产业变革正在深入发展，对我国而言，机遇与挑战并存。为了加快国内大循环，实现国内国际双循环相互促进，我国要坚持以创新驱动发展。只有创新，才能够获得发展的主动权，实现以科技带动发展，确保国家安全，增强国家实力。在目前的发展格局下，也只有创新才能为国家发展提供源源不断的动能。

作为“十四五”时期经济社会发展和改革开放的重点任务，科技创新能够催生新发展动能。目前，随着移动互联网及相关新兴技术不断发展，全球新一轮科技革命和产业变革加速演进，我国必须大力推进自主创新，力求尽快在关键核心技术领域取得突破。

◆协调理念

“十三五”期间，我国就非常注重协调发展，提出“区域协同”“城乡一体化”“物质文明精神文明并重”“经济建设国防建设融合”等诸多策略。进入“十四五”时期，我国要在“十三五”协调发展理念的基础上形成强大的国内市场，构建新发展格局，统筹发展与安全。

除此之外，“十四五”时期要坚持扩大内需战略，尽快形成完整的内需体系，将扩大内需与深化供给侧结构性改革相结合，打通经济内循环，形成国内国际双循环，全面促进消费，持续拓展投资空间，以创新为核心驱动力，以高质量发展为目标，持续建设一个超大规模的国内市场。在这个过程中，为了更好地应对国内外形势突变带来的风险，在国际竞争与合作中掌握主动权，我国要将安全问题放在首位，为社会主义现代化强国建设构筑一道安全防线。

◆绿色理念

绿色理念涵盖了两个层面的内容，一是要做好人与自然和谐共生的生态文明建设，二是推动生产生活方式向绿色化转型。在新发展阶段，尤其是在“十四五”时期，我国生态文明建设要取得新进展，国土空间开发保护格局要得到进一步优化，各项能源资源要实现更合理的配置，利用效率要大幅提升，主要污染物的排放要持续减少，生态环境、人居环境要得以明显改善。为了实现这些目标，我国要加快构建生态文明体系，面向生态文明建设创建统筹协调机制，以生态文明制度建设为切入点，推动生产生活方式向低碳、绿色的方向转型发展。

◆开放理念

开放理念也有两层内涵，一是形成更高水平的开放型经济新体制，二是建设更高水平的社会主义市场经济体制。“十三五”时期，在开放理念的指导下，我国从战略布局、开放体制、“一带一路”倡议等方面切入，形成了对外开放的新局面。“十四五”时期，我国要进一步提高对外开放水平，稳步推进“一带一路”倡议，在全球经济治理体系改革中发挥重要作用，形成以国内大循环为主体、国内国际双循环相互促进的新发展格局。

这样一来，我国要进一步提高对外开放水平，就不能简单地推行“引进来”与“走出去”战略，而是要立足于国内大循环，将需求侧管理与供给侧结构性改革相结合，让国内大循环与国际大循环相互促进，形成强大的国内市场，在高水平自力更生的基础上实现高水平的对外开放。

为了在国际竞争与合作中掌握主动权，我国要努力挖掘培养新优势，借助比较成熟的国际大循环提高我国内循环的效率与水平，提高生产要素配置水平与质量，对产业转型产生积极的促进作用。同时，我国要全面深化改革，形成更高水平的社会主义市场经济体制，创建更高水平的开放型经济新体制，以更高水平的开放与更高水平的改革互动，将市场在资源配置方面的主导性作用充分发挥出来。另外，还要注重政府的作用，促使有效市场与有为政府实现更好的结合。

◆共享理念

共享理念强调的是基于共同富裕的终极目标，满足人们对更加美好生活的追求，促使人实现全面发展，而共同富裕是社会主义的本质要求。为此，新发展理念要求坚持以人民为中心，实现好、维护好、发展好广大人民的根本利益。

“十三五”时期，我国将发展重心放在全面建成小康社会方面，在现行标准下，农村贫困人口已经全面脱贫。进入“十四五”时期，我国要在更高水平上全面建成小康社会，解决就业难题，提高就业质量，让居民收入持续增长，建立并完善多层次社会保障体系，进一步巩固脱贫攻坚成果，全面推进乡村振兴战略。

优化结构：以创新促产业转型

根据党的十九大报告，到21世纪中叶，我国要成为社会主义现代化强国。在现代化建设过程中，我国要从发达国家的追赶者逐渐转变为并行者、赶超者。为了实现这一目标，我国必须独立发展科技，与发达国家并跑，甚至在某些领域赶超发达国家，实现领跑。

一直以来，我国各项技术严重依赖进口，虽然引进国外先进技术在一定程度上推动了我国科技发展，但也让人们意识到能够引进的技术没有太大的竞争力，最前沿、最核心的技术是无法引进的，甚至可能遭遇技术封锁。为了打破这一困境，我国必须独立发展科技，实现科技自立自强。为此，我国要加强基础研究，坚持“四个面向”原则，即面向世界科技前沿，面向经济主战场，面向国家重大需求，面向人民生命健康，加强原始创新与前沿核心技术创新，在引领性原创成果方面取得重大突破，进而推动科技创新。

纵观人类社会发展，科技革命与产业革命是推动人类社会现代化的两大动力。为此，我国现代化建设必须抓住新一轮科技革命与产业革命带来的机遇，积极推进现代产业体系建设。一方面要积极推动新一代信息产业发展，另一方面要加快发展互联网、大数据和人工智能与实体经济深度融合的产业，促使信息化的最新成果落地应用。为此，我国必须创建从科学到技术的转化路径，建立有利于创新成果转化的体制机制，以科技助力产业发展、经济发展与国家建设。

目前，我国正处于转变经济发展方式、优化经济结构、转换增长动力的关键期，要将重点放在提升创新能力、培养发展新优势方面。“十三五”期间，我国在调整经济发展结构、培育经济发展新动能等方面投入巨大，取得了不错的成果，创新作为驱动经济发展第一动力的作用逐渐显现。

在需求结构优化方面，2016—2020年，最终消费支出对经济增长的平均贡献率超过60%；在产业结构优化方面，2020年，我国服务业增加值占国内生产总值的比重大约为54.5%，220多种工业产品的产量位居世界第一；在创新投入方面，2020年全社会研发投入大约为2.4万亿元，基础研究经费投入大约为1500亿元，科技进步贡献率超过60%；在知识产权方面，2020年，我国申请国际专利的数量同比增长16.1%，稳居世界第一，创新指数位居世界第14，相较于2015年上升了15名。同时，量子科技、超级计算、载人航天、探月工程、载人深潜等领域涌现出众多创新成果，逐渐赶超西方发达国家。

需要注意的是，我国经济发展循环不畅、创新能力无法满足经济高质量发展要求的问题依然存在。“十四五”期间，我国要聚焦实体经济，优化调整经济结构，为经济发展消除阻碍；坚持以创新为核心，积极推进科技创新与体制创新，在关键核心技术领域寻求突破，稳步推进科技强国建设；不断提升企业的技术创新能力，加大在科技人才培养领域的投入，加强知识产权保护，激发社会创新活力，塑造发展新优势。

提质增效：质量第一，效益优先

“十三五”时期，我国社会主义现代化建设事业取得了极大的进步。首先是我国经济稳步发展，人均收入水平有了大幅提升，脱贫攻坚任务大获全胜，向全面建成小康社会迈进了一大步；其次是科技发展水平不断提升，在很多关键技术、核心技术领域都取得了重大突破。最重要的是，面对突然暴发的新冠肺炎疫情，全国人民团结一心，率先控制住疫情，为我国在疫情后的崛起与发展奠定了良好的基础。

虽然喜报连连，但我们仍然要看到一些问题：第一，我国人均GDP还没有达到世界平均水平，面临着严重的发展不平衡、不充分的问题。第二，我国仍处于社会主义的初级阶段，基本国情没有太大改变。我国仍然是世界上最大的发展中国家，发展仍然是我国当前面临的重要问题。这些问题将成为“十四五”时期我国经济社会发展面临的最大挑战。在此形势下，我国经济发展必须立足于基本国情，坚持以经济建设为中心，将发展作为第一要务，不断解放和发展社会生产力。

在新的社会发展阶段，我国必须贯彻新的发展理念，全面提高发展水平与质量，将创新打造成经济社会发展的第一动力，让各区域、各产业实现协调发展，进一步提高对外开放水平，让共享成为经济发展的根本目的。只有全面贯彻新的发展理念，提高经济发展质量与效率，保证经济安全，促使经济实现公平、可持续发展，才能孕育更多发展机会，开创新的发展格局，为社会主义现代化建设奠定坚实的基础。

坚持质量第一、效益优先的原则，推动经济发展的质与量稳步提升。“十三五”时期，我国各地区、各部门认真贯彻落实党中央、国务院的决策，始终坚持“稳中求进”的发展原则，稳步推进供给侧结构性改革，全面深化改革创新，推动我国经济稳步增长，经济发展质量与效益持续提升。

2016—2019年，我国GDP年均实际增长6.6%，在世界主要经济体中名列前茅。2020年，受突然暴发的新冠肺炎疫情的影响，我国GDP同比实际增长2.3%，是全球唯一实现正增长的主要经济体。从具体数字来看，2020年，我国国内生产总值共1015986亿元，在世界经济中所占比重超过17%，对推动世界经济增长做出了重要贡献。

与此同时，需要注意的是，我国经济发展的质量与效益有待提高，尤其是发展质量。在此形势下，“十四五”时期，我国经济发展必须坚持质量第一、效益优先的原则，积极转变经济发展方式，促使劳动生产率、资本产出率和全要素生产率不断提升，全面解放社会生产力，在巩固经济发展基础的前提下推动经济实现高质量发展。

积极推进双循环新发展格局建设是进入新的发展阶段之后，提高经济发展质量与效率的重大举措。近年来，个别国家违背全球化发展规律，推行单边主义、贸易保护主义，再加上新冠肺炎疫情在全球蔓延导致世界经济衰退，全球产业链、供应链面临着调整与重构。在这种情况下，我国不仅要打通产业链上下游，保证产业链、供应链的稳定性，提高其竞争力，还要做好技术攻关，改变核心技术、关键技术受制于人的局面，向全球产业链的中高端迈进。

为此，我国必须积极推进供给侧结构性改革，提高供给体系与国内需求的适配性，围绕产业链部署创新链，促使产业链与创新链深度融合，畅通经济循环。我国自加入WTO以来积极融入全球产业链、供应链，但一些发达国家在产业链个别领域对我国进行封杀、断供，这些领域是我国部署创新链的重点。我国要在这些领域形成拥有自主知识产权的核心技术与关键技术，将主动权掌握在自己手中。

转换动能：建设现代化经济体系

要想全面建设社会主义现代化国家，必须创建现代化的经济体系，满足人民日益增长的美好生活需要。“十三五”期间，我国形成了市场机制健全、微观主体有活力、宏观调控有度的社会经济体制，形成了实体经济、科技创新、现代金融、人力资源协同发展的产业体系，涌现出许多新产业、新业态、新模式。

根据世界银行发布的《全球营商环境报告2020》，我国营商环境排名跃居全球第31位。截至2020年6月底，我国登记在册的市场主体突破了1.3亿户。根据《2019胡润全球独角兽榜》，全球共有494家独角兽企业，中国占据了206家，位居全球第一。

我国民生获得了较大改善，居民收入稳步增长。截至目前，基本医疗保险覆盖人数超过13亿，基本养老保险覆盖人数超过10亿；全国居民人均可支配收入年均实际增速大约为6.5%，比同期GDP的年均增速要高很多；在现行标准下，农村贫困人口全部脱贫，全国范围内的绝对贫困与区域性整体贫困全部消除。

但是，我国现代化发展过程中依然存在体制性障碍、结构性障碍，民生保障与治理依然面临着很多问题。因此，在“十四五”期间，我国必须加快现代化经济体系建设，不断推进新型工业化、信息化、城镇化、农业现代化，构建现代化的国家治理体系，不断提升治理能力与水平；改善人民生活品质，不断提高社会建设水平，不断提高人民群众的获得感、幸福感与安全感，促使人与社会全面发展、共同进步。

产业体系是我国经济发展的重要基础。现阶段，积极推进现代产业体系建设，促使经济体系不断优化升级仍然是我国社会主义现代化建设的重要任务。“十三五”期间，我国积极推进供给侧结构性改革，切实提高了产业现代化水平。首先，我国不断夯实农业发展基础。2020年，我国粮食总产量为13390亿斤，连续6年保持在1.3万亿斤以上。其次，制造业发展优势巩固并不断延伸，2009年至今，我国制造业的增加值始终居于世界首位。最后，现代服务业快速发展，尤其是信息传输、软件和信息技术服务业，租赁和商务服务业，这些行业的增加值明显高于整个行业。

我国产业发展势头虽好，但也要看到面临的一些问题，例如产业规模大但整体竞争力较差，关键核心技术依赖进口，受制于人等。因此，“十四五”期间，我国要积极构建现代产业体系，补足短板、构筑长板。首先，要积极推进农业供给侧结构性改革，从产业和区域两个方面优化农业布局，强化科技与装备基础，切实提高农业发展质量与效益，提升整体竞争力。其次，稳定制造业在国民经济中的地位，推动战略性新兴产业发展壮大，促使现代服务业快速发展，推动整个产业链不断升级。最后，做好制造强国、质量强国、网络强国、数字中国建设，打造完整的产业体系，不断提高产业体系的现代化水平，提高经济发展质量与效益。

统筹协调：促进城乡发展一体化

“十三五”期间，我国稳步推进新型城镇化建设，落实乡村振兴战略，深入实施区域发展战略，不断加强污染防治，使得城乡区域协调发展与生态文明建设取得显著成效。

我国城镇化水平不断提升。截至2020年末，中国常住人口城镇化率超过60%，预计到2025年底，常住人口城镇化率将提高到65%。在区域发展方面，东中西和东北“四大板块”联动发展，京津冀、长江经济带、粤港澳大湾区、长三角等区域的发展建设均取得了不错的成绩，黄河流域生态保护取得了长足进步，区域发展格局不断优化。在发展绿色经济、低碳经济方面，根据国家统计局发布的数据，2019年，天然气、水电、风电、核电等清洁能源的消费量在能源消费总量中的占比达到了24.3%，细颗粒物（$PM_{2.5}$）未达标地级及以上城市年平均浓度比2015年下降23.1%。

需要注意的是，目前我国城乡区域发展仍存在不平衡现象，生态系统的质量与稳定性都有待提升。因此，“十四五”期间，我国必须坚持推进区域重大战略、区域协调发展战略和主体功能区战略，完善新型城镇化战略，全面推进乡村振兴，打造高质量的国土空间布局与支撑体系，推动经济社会发展全面绿色转型，不断改善生态环境的质量，努力创建城乡区域协调发展、人与自然和谐共生的现代化社会。

◆优化国土空间开发保护格局

根据各地区的环境承载能力，发挥各地区的比较优势，优化各类资源要素在各地区的配置，创建主体功能明显、各项优势互补、高质量发展的国土空间开发保护新格局。在全国范围内推行主体功能区制度，将国土资源划分为优化开发、重点开发、限制开发与禁止开发四大类，让各地方政府根据区域的资源禀赋合理开发，提高重要功能性区域的保障能力。

◆深入实施区域重大战略

一方面，整合资源实现战略目标，发挥重点区域的引领带动作用，推动区域重大战略取得重大突破，鼓励区域间相互合作，实现资源互通；另一方面，加快实施京津冀协同发展战略，全面推进长江经济带发展，稳步推进粤港澳大湾区建设，进一步提升长三角一体化发展水平，做好黄河流域的生态保护工作。

◆深入实施区域协调发展战略

推动西部大开发、东北全面振兴、中部地区崛起、东部率先发展等战略稳步落地，促使西部大开发形成新格局、东北振兴取得新成绩，形成中部地区崛起、东部地区高度现代化的新局面，从政策、财政、人才、科技等方面为特殊类型地区提供支持，鼓励这些地区加快发展，缩小与经济发达地区的差距。

◆积极拓展海洋经济发展空间

坚持陆地与海洋统筹发展、人与海洋和谐共生的原则，建设现代化的海洋产业体系，做好海洋生态环境保护，深度参与全球海洋治理，维护海洋权益，全面推进海洋强国建设。

第三章
新发展格局：促进国内国际双循环

双循环：大国崛起的必由之路

近年来，随着新兴经济体快速崛起，原有的世界格局逐渐被打破，新的世界格局开始形成。受突然暴发的新冠肺炎疫情的影响，这一变局开始加速演进。在此形势下，中国既面临着机遇，也面临着挑战。为了更好地应对外部经济、政治形势的变化，党中央提出要加快构建以国内大循环为主体、国内国际双循环相互促进的新发展格局。需要注意的是，双循环不是内循环，而是要在提高对外开放水平的基础上，推动经济实现高质量发展。

纵观大国崛起历程可以发现，凡是大国崛起，必然实现了以国内循环为主体，国内与国际双循环相互促进。作为世界第二大经济体，我国要借鉴美国、英国等成熟的大型经济体的发展模式与经验，充分发挥国内大规模市场的优势，形成双循环新发展格局。

事实上，中央提出构建双循环新发展格局是受外部环境所迫。自改革开放以来，我国形成了比较成熟的国际外循环，并借此实现了快速发展。但近年来，随着大国之间的竞争愈演愈烈，国际外循环受阻，为了打破个别霸权主义国家对我国的封锁与限制，应对复杂多变的外部环境，保护我国重点企业免受恶意打压与围猎，应对频频抬头的贸易保护主义、地缘政治风险、逆全球化趋势等，党中央提出要在新时代背景下形成双循环新发展格局，将发展重心转向国内市场，畅通内循环，让内循环与外循环相互促进，共同助力我国经济稳定发展。

另外，在新冠肺炎疫情的影响下，国际产业链供应链遭受了严重冲击，外部需求持续下降，再加上国际贸易摩擦不断加剧，使得我国不得不将发展重心转向国内，全面推进双循环新发展格局的形成。我国要在关注国内市场，推动经济高质量发展的同时，关注外循环的质量，进一步提高对外开放水平，通过高质量的外循环带动形成高质量的内循环，推动供给侧结构性改革，促进消费升级与产业升级，充分释放国内市场的活力与潜力。

《中共中央 国务院关于新时代加快完善社会主义市场经济体制的意见》明确提出，要“推动由商品和要素流动型开放向规则等制度型开放转变，吸收借鉴国际成熟市场经济制度经验和人类文明有益成果，加快国内制度规则与国际接轨，以高水平开放促进深层次市场化改革”。由此可见，以高质量的外循环带动高质量的内循环，就是通过制度性开放破除阻碍内循环与外循环相互促进的种种障碍，形成内循环与外循环相互促进的新发展格局。

深刻把握双循环的实质内涵

要想深刻把握双循环的实质内涵，要从“双”和“循环”两个角度切入，即借助超大规模的内需释放国内市场的活力，通过供给侧结构性改革疏通卡点，形成强大的内循环，然后促使内循环与外循环相互促进，形成双循环。具体来看，深刻把握双循环的实质内涵要理解以下几点。

◆以国内大循环为主体，绝不是关起门来封闭运行

在创建双循环新发展格局的背景下，我国要进一步提高对外开放水平。形成内循环的首要任务就是扩大内需，而扩大内需的重心要放在扩大消费需求方面。我国拥有全球超大规模市场，工业门类最为齐全，要借助这些优势稳定并扩大内需，进一步提高对外开放水平，吸引更多外资企业进入，稳定产业链与供应链。

要想形成内循环必须坚持开放原则，即要创建一个高度开放的环境，在这个环境中运行生产、流通、消费等流程，吸引外资企业持续加

大在我国的投入，建厂、开店、创建产业链等。只有如此，才能切实提高我国的供给质量，将国内市场的消费潜力充分释放出来。由此可见，双循环新发展格局绝不是闭关锁国，发展封闭的内循环，而是要进一步密切与世界经济的联系，为其他国家的企业提供更广阔的市场，吸引全球优质的要素与资源，提高我国在全球市场中的地位与话语权。

◆形成双循环相互促进新格局，必须提升国际循环质量和水平

我国要想形成内循环与外循环相互促进的发展格局，必须巩固我国参与国际循环的优势，提高外循环的质量与水平。在此形势下，我国必须坚持并扩大对外开放，推动商品与要素流动型开放向制度型开放转变。在这个过程中，我国要积极推进国内体制机制改革，不断完善我国的法律法规与治理体系，为招商引资创造一个良好的环境；与国际高标准的经贸规则对接，进一步提高对外开放水平，扩大对外开放范围，以开放激发企业的创新活力，推动经济实现高质量发展。

改革开放以来，我国积极融入全球市场，逐渐进入全球价值链分工的中间环节，成为全球主要经济体价值循环的联通枢纽，一端与发达国家相连，一端与发展中国家相接，积极促成双方的经济合作，形成了全球价值循环的分工体系。未来，在构建双循环新发展格局的过程中，我国要进一步完善社会主义市场经济体制，不断提高现代化经贸治理能力，积极推进规则、规制、管理、标准等制度型开放，形成“引进来”

与“走出去”相结合、外需与内需相互促进、对外开放与对内改革协调发展的新格局。

◆形成双循环相互促进新格局，必须打破联通内外循环的制度性壁垒

想要形成双循环新发展格局，必须从制度层面打破制约内循环与外循环相互联通的障碍，让国内的经贸规则与制度和国外的经贸规则与制度对接，形成现代化的市场经济治理体系，在制度型开放方面取得突破性进展。具体来说，就是要与国际通行做法对接，衔接内容包括经济运行规则、管理政策、标准体系、贸易投资合作政策等，创建市场化、法治化的营商环境，为形成国内循环与国外循环相互促进的制度型开放奠定良好的基础。

在此形势下，我国要建立内循环与外循环相互促进的新机制。一方面，我国要坚持推进供给侧结构性改革与要素市场体制机制改革，畅通技术、人才、资本等生产要素跨境流通渠道，让这些要素实现自由流通，积极引进全球先进的生产要素，优化国内的要素供给，持续推动产业升级，为形成国内大循环奠定良好的要素基础与产业基础。

另一方面，我国要进一步提高贸易投资的自由化程度，在不断提高对外开放程度的基础上，注重开放的全面性与协调性，让企业对国内国际两个市场、两种资源进行充分利用、合理利用，在内循环形成的过程中发挥积极的促进作用。

双循环新发展格局的实现机制

自改革开放以来，虽然我国经济实现了快速发展，但经济发展方式比较粗放，亟须提高经济发展质量，实现创新驱动的内涵型增长。2020年以来，中美贸易争端愈演愈烈，再加上突然暴发的新冠肺炎疫情的影响，我国经济增长速度有所下降，对市场主体的行为与预期造成了一定的影响，全球经济系统进入新一轮的重构阶段。

从生产价值链分布角度看，过去四十多年，随着改革开放不断推进，我国逐步融入全球经济大循环。在这个过程中，我国货物贸易额跃升为全球第一，有了“世界工厂”之称。但同时，融入全球经济大循环的风险也逐渐显现，国内部分产业显现出明显的低端锁定效应，在全球市场竞争中处于明显的劣势地位，技术创新的“卡脖子”现象越发明显，部分区域的市场逐渐萎缩。在这种情况下，我国以构建双循环新发展格局为依托实现内涵型增长，创建自主可控的安全产业体系非常有必要。

在2020年5月召开的中共中央政治局常委会上，党中央基于对当前形势的综合判断提出，“形成以国内大循环为主体、国内国际双循环相互促进的新发展格局”。自改革开放以来，我国企业通过来料加工、来样加工、来件装配、补偿贸易等方式与西方发达国家的跨国企业建立了良好的合作关系，通过知识溢出实现了经济系统的逐步跃迁与动态升级。

从20世纪80年代开始，我国经济增长速度越来越快，就业规模不断扩大，市场活跃度越来越高，产业体系不断完善。在此阶段，“外循环”占据着主导地位，发挥着至关重要的作用。但随着经济发展进入新常态，供给侧结构性改革逐渐成为重点，我国经济发展的重心开始从外循环向内循环转变，将持续扩大内需视为战略基点，强调形成以内循环为主的双循环发展格局。

◆双循环的核心是产业链与创新链融合

产业链以资本化为核心，创新链以商业化为核心，只有实现市场化，两者才能相互融合，产业链与创新链的融合恰恰是双循环的核心。随着信息技术，尤其是互联网与人工智能技术的发展速度越来越快，全球电子商务快速发展。虽然一些国家采取了逆全球化的措施，但是全球化已经成为不可逆转的趋势。

对于我国来说，庞大的国内市场是我国持续推进全球化的一大优势，当前的经济、政治形势为我国完善并升级价值链创造了良好的机会。无论是内循环，还是外循环，对构建一个健康的经济系统来说都缺一不可。在此背景下，政府要鼓励企业构建有利于政府与市场良性互动的平台，不断壮大企业规模，实现高水平的产业研用，利用功能性产业政策培育有能企业，尤其是具有动态创新能力的跨国企业。在我国参与国际竞争的过程中，在以技术创新为驱动力的内循环体系形成的过程中，这类跨国企业的培育是关键。

◆双循环的关键是重塑国内区域市场

在经济新常态背景下，我国经济需求端需要再平衡，供给端需要再整合。因此，我国要在不断扩大内需的基础上逐步拓宽市场，对区域市场进行深度挖掘，构建一个统一的国内大市场。如果国内市场比较分散，处于割裂状态，不仅无法形成内循环，而且无法将内循环与外循环连接在一起。为此，一方面我国要建立统一规范的制度体系，形成各要素自由流动的统一市场；另一方面要继续提高对外开放水平，主动与国际经贸规则对接，不断扩大外需市场。

（1）推动人员、技术、资本、服务等各类生产要素在市场间自由流动，为完整的内需体系建设提供强有力的支持。同时，要打破地域分割，建立健全跨区域流通体系，提高流通效率，让生产与销售实现有序对接。

（2）消除各区域的市场封锁与保护，全面贯彻落实全国“一张清单”管理模式，破除市场准入的各种隐形壁垒；推动公平竞争审查制度落地，拓宽公平竞争审查的覆盖范围，对督查、抽查、通报、考核等手段进行综合运用，增强公平竞争审查制度的约束力；进一步完善现代监管体系，统一市场监管，建立健全反垄断执法体制机制，加大执法力度，增强反垄断法的威慑力。

（3）积极推动流通网络规划与建设，完善全国骨干流通大通道体系，建设国际级、区域级的流通节点城市，全面提高这些城市的流通服务功能；鼓励大型商业零售企业充分发挥其布局能力，释放商业资源的带动作用，优化城乡网点选址，扩大网点规模；积极推进农产品流通设施建设，包括大型农产品批发市场建设、重要商品储备库建设、农村物流设施建设等。

基于丰富的资源以及齐全的产业门类，我国构建的国内大市场不仅具有规模优势，而且具有足够的潜力实现纵深发展。另外，通过学习西方发达国家的先进知识与技术，可以推动我国产业不断升级。为此，我国要持续推动创新要素整合，大力开展开放式创新，对国内市场资源、国际市场资源进行综合利用，打造一个更高效的要素市场与产品市场，为双循环新发展格局的形成奠定良好的基础。

双循环格局下的经济增长路径

在新冠肺炎疫情的影响下，国际贸易、资金、服务、人员等资源的流动受到了一定的限制，全球价值链、创新链循环遇到阻碍，极有可能中断，跨国投资与国际贸易规模不断下降，国际经济的发展前景晦暗不明。经过40多年的改革开放，我国已经深度融入全球产业链与创新链，一些产业的发展水平居于世界前列，开始引领世界潮流。

当然，在我国的产业中，这类产业占比极低，大部分产业需要进一步推进创新，练好内功，提高附加值。目前，原有的全球贸易格局被打破，新的贸易格局正在构建，中间品、服务贸易的比重不断提升，制造业的全球价值链网络结构呈现出多链条交织状态。在此形势下，我国要努力提升制造业企业在全球价值链中的地位，在双循环背景下做好补短板工作，具体策略如下。

◆大力推进要素市场化改革

我国想要打通内循环，必须坚持以民为本，不断提高居民收入。为此，我国要大力推进要素市场化改革，从整体上扩大要素市场配置，积极推进要素市场发展，根据不同要素的属性与市场化程度的差异有针对性地采取措施。在我国，各区域之间存在一定的行政壁垒，对各类生产要素的跨区域流动与配置造成了一定的阻碍，导致各类资源无法产生最大的经济效益，无法形成以市场为导向的产业布局。

要素市场建设需要政府介入。首先，政府要健全资本和知识产权等要素市场的价格机制、竞争机制和运行机制，提高政府服务质量，加强对市场的监督，创建公平、公正的市场环境，保证不同市场主体可以平等地获取生产要素。其次，政府要加快建设统一的生产要素市场，进一步放开户籍限制，打破区域间的界限，让生产要素在不同区域、不同部门间自由流动。最后，政府要加强区域间与区域内的合作机制建设，在坚持城乡一体化的基础上推进土地市场化改革，让区域间的交通基础设施与信息基础设施互联互通，降低各类生产要素的跨区域流通成本。

◆主动完善产业链并提升价值链

作为世界第二大经济体，中国对世界经济增长的贡献率已经超过30%。在全球价值链中，中国处于枢纽地位，承担着连接发达国家与发展中国家的重要功能。近年来，中国出口产品的门类已经从消费品类拓展至资本品类，电子电气设备、高科技零部件等产品的出口额在全球市场的占比超过了20%，计算机、通信及其他电子设备制造业的进出口份额也在不断增长，说明这些产业已经深度融入全球产业链分工网络。但在金属、木材等原材料领域，我国严重依赖进口。为了保证能源安全，我国要加快战略性资源的安全性布局，重视海外能源与矿产资源的开发，打造世界一流的跨国资源企业。

此次新冠肺炎疫情为我国强化产业链、打通创新链提供了良好的机会，为产业数字化升级提供了一个重要的战略窗口期。在疫情防控常态化背景下，我国政府、企业要积极利用大数据、人工智能等数字化技术助力疫情防控，大力发展非接触式物流与云端服务。在疫情期间，传输软件服务数字产业链快速发展，为区域经济融合发展、高质量发展提供了强有力的支持。在此形势下，东部经济较发达地区应该积极推进传统产业的数字化转型，为疫情结束后世界经济的重启做好准备。同时，政府要鼓励企业积极引进人工智能、大数据等先进技术，提高信息匹配的精准度，提高交易效率，促使各类信息实现联动共享，使资源配置水平大幅提升。

◆要提升国际创新链治理水平

以内循环为主导的双循环新发展格局，要求在高水平开放的基础上形成国内国际双循环，这就要求我国要进一步提高对外开放水平，将对外开放与对内发展相结合，从初级要素参与国际市场向高级要素融合转变。根据新的经济战略，我国要从商品贸易流动型开放转变为制度型开放，明确各区域的优势，以长三角与珠三角等重点城市群为依托，摒弃传统的简单数量型单项外资引进方式，向内涵型双向投资转变，实现“引进来”与“走出去”相结合。

政府要鼓励有条件的企业“走出去”，或收购国外企业，或在国外建工厂、建生产基地等，尤其要加强与“一带一路”沿线国家的合作，鼓励国内企业在这些国家建工业园、科技示范区等，培育本土扎根型跨国企业，并推动这类企业实现全球化运营。同时，政府要鼓励企业从价值链低端向高端攀升，以国内价值链与超大规模市场为依托持续推进“一带一路”建设，积极融入国际经济大循环，并通过国际合作为产能过剩、技术封锁等问题提供有效的解决方案。另外，我国要积极推进“海外中国”建设，鼓励企业在海外发展的过程中吸收并利用当地的创新资源，实现逆向知识溢出，逐步提高国际创新链的治理水平，主动参与全球治理新秩序的创建。

第四章

“十四五”时期，我国企业的挑战与机遇

变局：全球产业链的变革与重构

“十三五”期间，我国不断调整经济发展结构，将经济维持在中高速发展态势，助力全球经济发展。在这个过程中，中国企业的体量不断增长，全球话语权与竞争力不断增强，同时深度参与国际竞争，推动全球产业链不断升级，业务模式创新与技术创新都取得了不错的成果。

进入“十四五”时期之后，全球经济形势、产业发展形势不断变化，中国企业要对此产生深刻认知，正视经济快速发展过程中遇到的结构性问题，积极推动转型性变革，坚持高质量发展原则，跻身世界一流。

自改革开放以来，我国积极融入国际市场，参与国际竞争与合作，对世界经济发展造成了深远影响。“五年规划”是国民经济长期计划的重要组成部分，主要对国家重大建设项目、生产力分布和国民经济重要比例关系等进行规划，明确国民经济发展目标与方向，是企业制定经营战略的重要参照，需要放到具体的时代环境中进行分析与判断。

目前，随着中美贸易争端不断升级，地缘政治关系日益紧张，企业面临的金融风险与流动性风险不断增加。在此形势下，我国必须积极推进产业变革与技术升级，转变竞争方式，在结构性变革中培养一批世界一流的先进企业。“十四五”期间，中国企业将面临三大结构性变局，具体分析如下。

◆增长变化：经济发展面临下行压力，未来增长将向细分领域聚集

国际货币基金组织（International Monetary Fund，IMF）发布的报告显示：2019年，全球有近七成的经济体发展速度放缓；2020年，受新冠肺炎疫情影响，全球经济增长率为-4.4%，中国成为世界上唯一一个实现了经济正增长的主要经济体。

在全球经济衰退的形势下，制造业的活动与投资力度都大幅下降。与此同时，我国消费持续升级，供给侧改革取得不错的成果，消费重心转向交通、通信、娱乐文化等行业。预计到2030年，这些消费在总消

费中的占比将达到38.2%。

在产业升级、市场升级的背景下，准备充分的企业将获得更好发展。一方面，竞争力强、有明显优势的企业可以借机吸纳更多优质的产业资源，形成上中下游一体化的产业链集群，将自己打造成助推产业升级，支持同行业企业相互协作的平台；另一方面，现金流充足、资金负债管理健康、拥有较强融资能力的企业可以在市场竞争中抢占先机，通过对细分市场进行整合提高行业的集中度。

◆格局变化：全球价值链再分配中产生分化

随着中国经济快速发展，世界对中国经济的依存度指数连年上涨。根据麦肯锡全球研究院最新发布的“MGI中国—世界经济依存度指数”，2000年，世界对中国经济的依存度指数为0.4，到2017年这一数字上涨到1.2。到2040年，中国参与国际经贸合作所创造的价值有可能达到全球经济总量的15% ~26%。在全球化时代，一个产品的产生可能是产业链、供应链、价值链相互协作的结果。随着全球分工不断细化，全球生产与贸易体系将出现两个重构，具体分析如下。

（1）价值链重构。随着全球分工不断深化、细化，每个行业都将被划分为不同的环节，包括研发、设计、制造、物流等，每个环节都将形成规模化产业，不同环节所产生的附加值差距将不断拉大，新技术、新资源将向产业链的中高端汇聚，促使效率指数级不断提升。未来，企业想要实现更好发展，必须顺应经济发展趋势，在价值链重构之前抢占战略高地，培育出可以推动产业发展的新动能。

（2）区域格局重构。“十四五”期间，我国一些低价值的产业会转移出去，企业要重新规划自己在全球价值体系中的位置。一方面，在发展劳动密集型行业方面，东南亚等新兴经济体更具优势，中国企业开始向这些国家转移产能，例如一些服装企业开始在巴基斯坦、越南等地建厂；另一方面，中国企业正在努力向全球价值链的上游发展，不断提升自己的竞争力。

◆技术变化：科技渗透进每个行业

在新一轮科技革命中，技术的重要程度大幅提升，未来先进的生产力必然是在先进科技的基础上发展起来的。随着中美贸易争端愈演愈烈，为了打破美国对我国的技术封锁，我国企业必须不断提升技术创新能力，聚焦产业链的关键环节，向技术链的上游攀升，在生产力变革的过程中不断提高自身的竞争力，实现技术自主，减少对国外的依赖。

以数字技术为例，在去中介化、分散化和非物质化的背景下，数字技术行业的价值将得以重塑，生产力将大幅提升，到2030年或将创造10%~45%的行业收入。因此，在推动技术商业化落地方面，中国不仅有足够的资金，还有超大规模的市场。在此形势下，企业可以借机利用自己掌握的数据资产重构传统行业的商业模式，形成新的数字产业。

困局：我国企业面临的三大痛点

过去十年，借助人口优势与政策红利，在资本的支持下，我国企业快速扩张，不仅企业体量不断增加，而且涌现出很多独角兽企业。与此同时，由于发展速度过快，企业忽略了对价值创造方式与增长方式的探索，忽略了财务状况管理与组织健康维护，导致我国企业不强、不新、不活的问题日渐凸显，无法实现可持续发展。

◆不强：体量增长和价值创造、抗风险能力提升不同步

近年来，虽然中国企业的体量大幅增长，但价值创造能力普遍较低。为了更全面、更准确地衡量企业的盈利能力与价值创造能力，我们引入经济附加值这一指标。麦肯锡曾对全球的2394家企业的经济附加值进行分析，其中中国企业共281家。结果显示，2014—2018年，有186家中国企业的经济附加值为负。除此之外，中国企业还出现了严重的两极分化现象，具体表现为头部企业的价值创造能力不断提升，尾部企业却面临严重亏损，发展陷入困境。在我国经济发展方式从资本杠杆驱动向经营杠杆驱动转变的形势下，企业必须全面提升价值创造能力。

另外，从全球范围来看，中国企业的债务压力与资金流动压力都偏高。在去杠杆的背景下，企业融资难度越来越大，在很大程度上削弱了

企业应对外部经济风险的能力，甚至有可能给中国经济的可持续发展埋下隐患。

◆不新：传统增长模式受限，新路径、新手段和新能力没有完成匹配

在2020年中国500强企业中，利润较高的前20家企业大多从事金融、能源等行业。根据麦肯锡对行业盈利潜力的分析，相较于科技、消费品等行业来说，这些行业的投资回报率相对较低。而且在科技产业盛行的当下，金融、能源等行业的发展潜力与盈利能力都比较小。同时，中国企业的科技创新能力不足，在技术研发与创新方面的投入与欧美等西方发达国家相比存在较大差距，先进技术严重依赖进口这一局面仍然没有太大改变。除此之外，国内企业对数字化的认知比较局限，真正实现数字化转型的企业凤毛麟角。而且，我国大多数企业没有形成全球化的市场影响力，没有足够的能力开拓海外市场，发展新兴业务。

◆不活：机制体制活力不足，快速创新和转型不够敏捷

根据麦肯锡组织健康指数调研，近年来，中国企业在发展方向规划、协调管控、领导力、激励机制创建等方面都有不小的提升，但在外部导向、组织能力建设、创新与学习等方面还有很大的进步空间。从某种程度上看，相较于外部导向，中国企业更关注内部管控，由此面临着

体制机制活力不足的问题。为了解决这一问题，中国企业要创建更有活力的新体制、新机制，创建扁平化的组织结构，提高组织的灵敏度与灵活性，进而提高组织运作效率与效能，充分释放企业的发展潜力，向着创新型企业转型升级。

新坐标：重新规划企业战略路径

为了更好地响应国家“十四五”规划，企业要站在更高的视角规划自己的发展战略，设立新坐标、探索新路径、构建新的竞争优势、释放新活力，提高发展质量与竞争力，努力进入“世界一流企业”行列。

◆从“做大做强”到“做好做远”，重塑企业发展目标

现阶段，无论是经济形势、国家政策，还是技术水平、国际环境都在不断变化，在此形势下，我国企业要高瞻远瞩，站在全球的高度审视自身，明确自己的影响力与竞争力，以推动社会可持续发展为目标，重新规划自己的战略目标与发展路径，谋求可持续发展。具体来看就是要做到以下三点。

（1）从整体规模到细分冠军：企业一方面要注重整体规模的壮大，另一方面要提升自己在行业内资源配置中的主导地位，掌握关键技术或占据较大的市场份额，向价值链的中高端迈进，不断提升自己在行业内

的话语权与影响力。

（2）从短期绩效到长期价值：一方面，企业要不断提升自己的价值创造能力，促使企业运作效率与效益达到世界一流水平；另一方面，企业要完善内部的体制机制，不断提升自身的核心竞争力，实现健康可持续发展。

（3）从股东价值到社会责任：企业要贯彻落实科学发展观，主动承担并履行社会责任，积极参与创建良好的生态环境，推动社会和谐发展，创建行业发展新标准。

◆转变战略发展和制定的路径，释放发展新动能

（1）转变战略思维路径：根据麦肯锡的研究，如果企业主动调整业务组合，优化资源配置，可以将年均股东回报率提高4%。这就要求企业在发展过程中要主动审视业务组合的价值能力与发展潜力，果断放弃盈利能力不足的非核心产业，整合资源，全面拓展核心市场。

（2）转变战略发展路径：随着企业的增长模式与价值构建策略不断变化，企业要加快转变经济发展方式，形成推动企业发展的新动能，整合新的生产要素，助力企业在下一个发展阶段取得更好的成绩。例如，企业要加强在科技创新领域的投入，利用新技术推动产业转型升级；平衡国内市场与国际市场之间的关系，制定全球化发展战略，在国际市场上寻找新的发展空间。

（3）转变战略制定路径：为了更好地适应未来的经济发展环境，企

业要转变传统的相对“线性”的战略规划流程，培养在不确定环境中做出正确战略决策的能力，提高战略制定的灵活性。

新能力：构建企业未来竞争优势

面对百年未有之大变局带来的挑战与机遇，我国企业要打造组合能力以实现更好发展。首先，企业要通过精益管理提高现金流造血能力，为企业发展提供源源不断的资金支持。其次，企业要进行全方位建设，不断提升并购整合能力与科技创新能力。具体分析如下。

◆精益管理能力

秉持极限思维理念，通过数字赋能增强企业的造血能力，为企业发展奠定扎实的基础。对于企业来说，只有拥有充足的现金流，才能从容不迫地应对内外经济周期波动给企业发展带来的不良影响，才能更好地应对各种风险，让企业保持稳定发展。近年来，很多企业都在积极推行精益管理理念，面向未来应做到以下几点。

（1）秉持极限思维理念，从上到下突破思考边界，追求极致。

（2）坚持系统思维，打破原有的壁垒，从运营到市场，从业务到管理实现全方位提升。

（3）积极引入大数据、人工智能等技术，让企业内创造价值的核心环节实现精益智能，推动管理数字化转向数字化管理。

◆并购整合能力

以全球化、平台化、一体化模式加快发展速度。麦肯锡的研究显示，兼并收购可以有效促进企业增长，其贡献度超过30%。未来，随着经济增长速度放缓，专业化分工加速，兼并收购将在企业发展中发挥越来越重要的作用。但从实际情况来看，大部分中国企业都无法通过兼并收购实现原有目标。为了解决这一问题，企业在推动兼并重组与外部合作的过程中应该做到以下几点：

（1）平衡内外市场。即在挖掘国内市场的同时有选择地拓展国外市场，积极参与全球资源配置与行业整合，不断扩大企业在国际市场上的份额，提高自身的影响力与竞争力。

（2）聚焦业务整合。将关注点从并购前的战略价值判断转向并购后的协同价值捕捉，把握好并购后100天这个时机，做好并购后的整合工作，让协同效益达到最大化。

（3）关注人才融合。在把握协同价值的同时，做好文化、人员、能力的整合工作，将直接影响企业发展的2%的关键人才保留下来，并为其提供更好的发展机会。

◆科技创新的能力

从满足需求到创造需求，打造核心竞争力。创新是企业面向未来发展的一项关键能力。为了培养创新能力，企业不仅要注重产品创新、模式创新与技术创新，还要做好创新文化建设，坚持价值驱动与文化驱动相结合，具体分析如下。

（1）价值驱动。即以客户价值创造为核心做好流程创新、制度创新、技术创新、产品创新，通过创新推动企业价值创造，促使企业利润不断增长。

（2）文化驱动。在企业内部建立创新激励与容错纠错机制。随着企业在关键核心技术领域取得重大突破，传统技术革新深化发展，企业要在内部建立容错机制，允许技术人员在创新过程中犯错，充分激发技术人员的创新热情，为企业长远发展提供源源不断的动力。

新活力：持续推进组织机制变革

企业要根据战略需要与业务需要不断对组织进行优化改造，提升组织的反应速度与效率，利用市场化的管理机制将组织活力释放出来，持续推进组织变革。具体来看，组织机制变革就是要让组织变得更加多元化，提高组织运作的有序性、灵活性、专业性，具体分析如下。

◆多元化

为了推动战略升级，释放企业活力，企业要积极推进混合所有制改革。其中，“改”是目的，“混”是方法。这就要求企业坚持发展战略，找到合适的企业并与之建立战略合作，明确自己与合作伙伴的价值主张，通过混合所有制改革建立市场化的体制机制，推动董事会运行机制落地，落实员工持股战略，将企业发展与员工的实际利益绑定，让员工为了企业发展而努力奋斗。

◆有序性

为了实现长期有序运作，企业要建立系统化的管控模式，明确内部各级人员的权力与责任，做到有序决策、精准管理。对于中国企业来说，就是要明确核心管理人员的职责与权力，明确管理内容与程度，完善“四会一层”的组织架构，优化董事会的人员配置，让董事会在企业管理中做出关键决策，让管理层获得充分授权，做出有效决策。

◆灵活性

企业要打破传统的组织边界，建立扁平化的组织结构，实现数字化转型。在这个过程中，企业高管要转变思维模式，不要一味地响应上级要求，而是要主动创造创新，带领企业完成数字化、智能化、生态化、个性化转型，通过持续不断的创新创造出更大的价值。

◆专业性

企业要坚持“选用育留退”的原则，根据自身的发展战略建立人才规划与盘点机制，创建市场化用人制度与相应的薪酬机制，创新人才资源管理体系，吸引人才、留住人才。

未来10年，中国企业的发展必然要与世界经济的发展趋势、中华民族的伟大复兴相呼应。面对百年未有之大变局，中国企业要增强信心、坚持创新，利用新技术、新方法提高发展质量，塑造核心竞争力，把握市场机遇，积极推进企业变革，跻身“世界一流企业”行列，不断扩大自身的影响力，在世界舞台上掌握话语权。

2

第二部分

双循环："十四五"时期的经济底层逻辑

第五章

构建立足于国内大循环的内需体系

培育完整内需体系，激活内生动力

在2020年10月召开的中国共产党第十九届中央委员会第五次全体会议上，党中央提出要坚持以扩大内需为战略基点，加快形成完整的内需体系，将扩大内需与深化供给侧结构性改革相结合，通过创新驱动、高质量供给引领和创造新需求。

◆培育完整内需体系，是我国构建国内大循环的主动选择

自改革开放以来，尤其是加入世贸组织之后，我国外贸依存度不断提高，曾在2007年达到61.8%，超过了世界上大多数国家。但在2008年的金融危机之后，国际经济大循环的动能不断减弱，我国开始着力发展国内市场，外贸依存度开始下降，到2020年降到了30%左右，内需对经济增长的贡献率却超过了100%，最终消费支出的贡献率也超过了50%。以国内大循环为主体的新发展格局要求充分发挥内需在拉动经济发展方面的作用，构建完整的内需体系，充分释放国内经济市场的活力，进一步巩固我国经济增长的基本盘。

◆培育完整内需体系，是适应经济发展阶段变化的必然要求

根据全球主要经济体的发展规律，一个国家成为高收入国家之后，内需就会成为经济增长的主要驱动力。以美国为例，内需对经济增长的拉动作用一直在100%以上，其中消费在GDP中的占比大约为80%，投资在GDP中的占比大约为20%。再例如日本，随着消费在GDP中的占比不断增长，家庭消费支出在GDP中的占比提升至78.6%，消费对经济增长的拉动作用非常显著。

2020年，中国人均GDP为1.05万美元，连续2年超过1万美元，距离世界银行界定的高收入国家越来越近。在此形势下，我国要顺应经济发展的阶段性变化，构建完整的内需体系，充分发挥需求对供给的拉动作用，为社会主义现代化国家建设奠定坚实的基础。

◆培育完整内需体系，是应对国际环境日趋复杂变化的战略举措

近年来，逆全球化事件频繁发生，导致世界经济政治形势不稳定性因素持续增加。再加上新冠肺炎疫情在全球的流行，给全球供

应链、产业链带来了较大风险。面对全球经济、政治形势变化带来的新矛盾、新挑战，我国要尽快转变经济发展方式，摒弃传统的外需、出口驱动的经济增长方式，将内需、消费打造成新的经济增长动力，构建完整的内需体系，牢牢把握经济发展的主动权，主动防范化解外部冲击，培育新的竞争优势，以更好的姿态参与国际经贸竞争与合作。

培育内需体系的优势与制约因素

在构建完整内需体系方面，我国有很多有利条件，但也面临着不少困难与挑战，具体分析如下。

◆我国培育完整内需体系的有利因素

（1）超大规模市场优势。基于超大规模的人口优势，我国已形成全球规模最大、潜力最大的市场。在向高收入国家迈进的过程中，国内市场的规模也在不断壮大，再加上城乡区域多层次的市场体系，将对国内外的资本、技术、知识、人才的双向流动产生积极的促进作用，进而形成一个体系完整、结构合理、分工精细的内需体系，以不断提高供给能力，迎合不断升级的消费需求。

（2）中西部地区后发优势。中西部地区的发展基础比较薄弱，但潜藏着丰富的资源与巨大的人口红利，城镇化率拥有较大的提升空间，发展潜力巨大，可以为完整内需体系的构建提供强有力的支持。2020年上半年，在新冠肺炎疫情的影响下，我国有16个省份的经济实现了正增长，其中有13个位于中西部地区。这一点说明，我国中西部地区的后发优势正在逐步显现。

（3）日趋完善的基础设施网络体系。截至2020年底，全国铁路营运总里程为14.6万公里，公路总里程为510万公里左右，内河航道大约为12.7万公里，全国港口万吨级以上泊位共2530个，民用运输机场共243个，极大地降低了经济社会发展的边际成本。另外，在这些便捷高效的基础设施网络的基础上，我国供需对接效率显著提高，有利于培育完整的内需体系。

◆我国培育完整内需体系面临的制约因素

（1）实体经济与虚拟经济发展失衡。目前，结构问题成为我国经济运行的主要问题，而结构问题的核心就是实体经济与虚拟经济发展失衡，即“实体经济不实，虚拟经济太虚”。其中，实体经济不实主要表现在两个方面：第一，产能严重过剩，尤其是造船、钢铁、平板玻璃、水泥等传统制造业，当然，战略性新兴产业也存在这一问题；第二，要素成本上升过快，导致一些实体经济企业严重亏损，不得不申请破产。在这种情况下，越来越多的企业家放弃实体经济，转向虚拟经济，大量资源在短时间内流向虚拟经济，导致虚拟经济快速扩张。但因为没有扎实的根基，虚拟经济很容易崩溃。

（2）要素循环受阻。土地、劳动力等传统要素的流动机制不健全，存在一定的障碍。在土地方面，低价补偿与集体经营性建设用地的土地价格、工业用地与住宅用地的土地价格均存在较大差距；在劳动力方面，常住人口与户籍人口的城镇化率的缺口不断扩大，2009年二者的缺口大约为13.7%，到2019年扩大至16.2%，说明越来越多的农村人口在城市居住，但没有享受到与城市人口同等的公共服务。除此之外，技术、数据等新型要素的流通机制不健全，要素产权不清晰，很容易出现数字孤岛现象。

（3）收入差距较大。衡量居民收入差距的国际通用指标是基尼系数。基尼系数的数值在0～1浮动，基尼系数为0，说明人与人之间的收入完全相同，不存在收入差距；基尼系数为1，说明人与人之间的收入分配绝对不公平，某个人占据了100%的收入。也就是说，基尼系数越小，收入差距越小；基尼系数越大，收入差距越大。国际上将0.4作为贫富差距的警戒线，如果基尼系数大于0.4，就代表社会存在潜在风险。我国的基尼系数早在2000年就超过了这条警戒线，迄今为止仍在这条线上方浮动，说明我国居民收入差距始终较大。

推动消费升级，不断优化供给质量

在“十四五”时期乃至今后更长时间，我国经济发展要始终立足于扩大内需，加快培育完整的内需体系。为此，我国要始终坚持供给侧结构性改革，持续推动消费升级与供给创新，优化投资结构，创建一个统一的市场与高效的流通网络，不断壮大中等收入群体的规模，持续释放居民的消费潜力，创建一个规模庞大的内需市场。

◆持续推动消费升级

消费是生产的目的和动力。为了满足居民不断升级的消费需求，可以从以下几个方面入手。

（1）尽快完善消费软环境与硬环境，推进消费模式与消费业态创新，促进消费升级。

（2）积极培育新型消费模式，包括网络消费、智能消费、定制消费、体验消费等，鼓励线上线下相互融合。大力发展“智能+”消费模式，不断拓展智能消费的边界，从常见的移动智能终端、超高清视频终端向智能家居、医疗电子、智能汽车等领域延伸。

（3）努力提高服务消费的质量，拓宽服务消费的范围。丰富旅游产品的供给，优化旅游市场的环境；对传统文化进行深入挖掘，培育优质的文化产品与品牌；鼓励体育产品和服务消费，推动“体育+”产业的崛起与发展。

（4）持续优化消费环境。健全消费追溯体系与个人信息保护制度，完善消费后评价制度，构建线上线下一体化的监督体系。针对电商产品建立集风险监测、网上抽查、源头追溯、属地查处、信用管理等功能于一体的质量监督管理制度，为消费者创造一个良好的网购环境。

◆以创新驱动优化供给质量

将扩大内需与深化供给侧结构性改革相结合，通过创新驱动供给质量不断优化，创造新需求。

（1）以消费结构升级助力产业转型。政府要鼓励传统企业改造技术，推动技术升级。扩大汽车产业的规模与优势，鼓励消费品行业增加产品种类、提高产品质量、开创品牌，推动新一代信息技术、生物医药、数字创意等产业与其他产业融合发展，鼓励相关技术与产品推陈出新，不断提升线上经济、智慧物流、智能制造等产业的发展质量。

（2）提高技术供给能力。在可能引领产业变革的前沿技术领域积极布局，增强对基础研究、原始创新、技术创新的重视程度，提高共性基础技术的供给质量与效率，加强产业共性技术攻关，提升产业基础能力与产业链发展水平，创建与我国国情、市场发展规律、科技创新规律相适应的共性基础技术供给体系。

（3）提高粮食、能源等重要资源的生产保障能力，切实保障粮食安全，稳定国内的粮食生产，夯实经济发展的基本盘；积极推进煤炭、电力、石油、天然气等资源的产供储销体系建设，健全现代能源体系，稳定我国各类能源的供给，提高能源供应保障能力。

增加居民收入，健全收入分配制度

新发展格局的形成要以扩大内需为基础，只有扩大内需才能推动产业升级，发展创新经济。扩大内需既要刺激生产，提高生产效率，又要积极推进分配制度改革，完善分配结构。因此，在“十四五”期间，我国要积极调整收入分配格局，将扩大内需作为全面建设社会主义现代化国家的中长期战略。

为了健全收入分配制度，我国要坚持以按劳分配为主体，多种分配方式并存的基本理念，将初次分配与再分配调节放在同等重要的位置，积极推进收入持续增长机制建设，加快形成以中等收入群体为主体的橄榄型收入分配格局。

一方面，要确保中等收入群体的收入持续增长，同时加大对低收入群体的转移支付，包括为低收入群体提供基本的生活补助与各种创业补贴，为其提供就业岗位，解除农民工市民化过程中的户籍约束，破除导致资源分配不均衡的体制障碍，让农民工享受城市化的红利，提高其边际消费能力。另一方面，政府要补齐医疗卫生、社会保障、公共教育等领域的短板，提高服务质量，消除居民消费的后顾之忧。

◆积极推进初次分配政策体系建设

对政府、企业、居民之间的收入分配关系进行有效处理，形成科学合理的收入分配机制；提高劳动者的收入水平，尤其是一线劳动者的收入水平，提高劳动报酬在初次分配中的比重；完善市场评价要素贡献并按贡献分配的机制，提高对知识、技术、管理等要素市场价值的重视程度；鼓励金融机构推出更多居民投资理财产品，进一步拓展居民投资渠道。

◆健全再分配调节机制

不断完善个人所得税制度，对城乡、区域、不同群体间的分配关系进行调节；建立健全一般性转移支付制度，在保障基本民生领域加大投入；健全养老保险制度体系，保证基本养老保险基金实现长期平衡；完善城乡居民基本医疗保险制度与大病保险制度，鼓励发展商业健康保险，对基本医疗保险进行补充。

◆全面扩大中等收入群体的规模

在扶贫减贫方面，中国在2020年取得了显著成就，基本消灭了极端贫困。接下来，政府可以适当提高贫困线，例如参照世界银行每人每天3.2美元的标准，结合我国的实际情况制定相对贫困线。

从某种程度上来说，中等收入群体的规模与收入标准密切相关。如果以中位数人均收入的75%为下限，以200%为上限，那么中国中等收入群体在总人口中的占比大约为48%，远低于OECD国家61%的平均水平。扩大中等收入群体规模的关键在于创造更多就业机会，吸纳更多农村劳动力就业。同时要优化税收结构，发挥个人所得税在调节收入方面的作用。目前，中国个人所得税在GDP中的占比不足2%，与OECD国家8%的平均水平相差甚远。

进一步提高中等收入群体"后备军"的收入水平，尤其是新型职业农民、专业技术人员等重点群体的收入水平，完善税收、住房、社保等配套支持体系，帮助中等收入群体持续减负。

稳定就业基本面，增强双循环动力

对于我国来说，就业就是最大的民生。只有稳定就业，保证居民的收入来源，才有可能刺激居民增加消费支出，才能为扩大内需奠定坚定的基础。在疫情防控阶段，一些企业、商家、店铺因长期关门歇业而倒闭，失业率显著上升。为了拉动就业，国有企业、民营企业千方百计创造就业岗位，其中民营企业拉动了80%以上的就业。

从某种程度上来说，稳就业、保民生的关键就是帮助民营企业，尤其是中小企业解决生存难题，帮助它们更好地生存、发展，将它们打造成吸纳就业的主力军。为了做到这一点，要进一步深化"放管服"改革，不断优化营商环境，让所有市场主体可以平等地使用市场资源，可以公开、公平、公正地参与竞争，享受同等的法律保护。除此之外，稳就业、保民生还要关注重点行业与重点人群的就业，重视高校毕业生的就业，做好农民工、退役军人等重点群体的就业，从多个渠道促进创业与就业。

为了促进就业，政府要积极出台各种政策，通过建设公共项目创造更多就业岗位；为重点产业提供保护或政策支持，防止企业大规模裁员；增加在社会保障领域的支出，降低企业的用工成本，对增加就业岗位的企业提供财政补贴；鼓励企业推行弹性工作制度，保持较高的就业率。另外，为了帮助零就业家庭就业，政府可以购买公益性岗位。

- 要全面落实就业优先政策，深入挖掘各类市场主体的用工需求，最大限度增加就业岗位；鼓励劳动者积极参加职业技能培训；鼓励平台经济创造更多新型就业岗位；强化民生兜底保障，按照相关规定为符合条件的失业者提供就业援助。

- 建立与社会主义市场经济体制相适应的收入分配制度，建立规范的劳动力市场，消除就业过程中的性别歧视、身份歧视，促进就业；完善工资正常增长机制，提高工资性收入在居民总收入中的占比；建立与行业特征相契合的薪酬制度，充分释放专业技术人员的创造力，推进产品创新、服务创新与技术创新。

- 面向全社会提供全方位公共就业服务，促进农民工、高校毕业生实现多渠道就业，鼓励各类市场主体创造更多就业岗位，提高就业质量。在企业方面，政府推出多项减税降费政策，极大降低了实体企业的运营成本，激发市场活力，鼓励它们创造更多就业岗位；在个人方面，政府推行个人所得税改革，提高个税起征点、优化税率表，开展专项附加扣除与综合所得年度汇算等，提高工薪阶层的收入，降低基尼系数，助力消费增长。

第六章
以高水平对外开放促进双循环

以高水平对外开放驱动双循环

虽然双循环新发展格局倡导以国内循环为主体，但并非要形成封闭的内循环，而是要全面提高对外开放水平，建设更高水平的开放型经济新体制，形成国际合作和竞争新优势，以更高水平的对外开放驱动国内国际双循环。

◆世界经济发展离不开联通和交往

近两年，一些国家推行单边主义与贸易保护主义，使得经济发展呈现逆全球化的趋势，但我国坚信经济全球化是不可逆转的发展趋势，国家之间必须分工合作，才能实现互利共赢。因此，无论外部经济形势如何变化，我国都要坚定不移地推行高水平的对外开放。

在人类社会发展过程中，生产方式、生活方式都在向着更高效率的方向演进。随着生产技术不断发展，社会生产的专业化分工越来越细，逐渐从家庭之间发展到地区之间、国家之间，最后形成了全球化的价值链与产业链，并对国际金融与投资的发展产生了积极的促进作用。

这个演进过程代表了更高的生产效率与生产力水平，是人类社会发展的必然趋势。在此趋势下，我国要坚持对外开放的基本国策，坚持深化改革、扩大开放，以高水平的对外开放助力形成双循环新发展格局。

◆ “两头在外”的国际大循环动能明显减弱

构建双循环新发展格局不是应对经济贸易摩擦、全球经济下行的短期战略，而是综合考虑我国所处的发展阶段、所面临的经济发展环境而提出的长期战略决策。自改革开放以来，我国大力发展加工制造业，为全球提供各类工业制成品，形成了市场与资源“两头在外”的国际大循环，为我国经济快速发展提供了源源不断的动力。但这种“两头在外”的模式也存在一些问题，最突出的问题就是对外部资源与市场的依赖过大，一旦遭遇技术封锁、能源出口限制或者主要经济体发生危机，我国经济就会受到巨大冲击。

近年来，随着全球市场不断萎缩，我国经济发展所依赖的资源要素不断改变，“两头在外”的模式对经济发展的拉动作用不断减弱，国内市场在推动经济发展方面的作用得以充分释放。造成这一局面的原因主要有以下四点。

（1）外部市场逐步饱和。自改革开放以来，我国凭借劳动力、土地等生产要素价格低，生产能力强等优势大力发展制造业，成为世界上第一大制造国和货物贸易国，所生产的产品出口到世界大多数国家和地区。近年来，由于传统的出口市场逐渐饱和，新市场开拓需要耗费较长时间。在这种情况下，我国要将目光转向国内，通过潜力巨大的国内市场消耗过剩产能。

（2）贸易保护主义兴起。自2008年国际金融危机发生以来，为了解决经济复苏难题，转移内部矛盾，一些国家开始推行贸易保护主义。在未来很长一段时间内，贸易保护主义与单边主义将持续存在，导致国际市场环境长期处于不稳定状态。在这种情况下，拥有巨大发展潜力与足够韧性的国内市场应该代替外循环，成为推动经济发展的主要力量。

（3）国内要素价格变化。过去，"两头在外"的国际大循环成为推动我国经济增长的主要动力，关键原因在于我国拥有大量廉价劳动力可以投入生产中。但随着我国的劳动力成本不断上涨，这一优势逐渐减弱，我国必须从价值链低端的加工装配环节向上发展。

（4）环境和资源约束趋紧。过去，我国承担了太多外部生产活动，虽然推动经济实现了高速发展，却也导致环境问题加剧。为了更好地应对资源枯竭、环境污染等问题，我国必须改变过去以资源和污染为代价谋取发展的模式。在此形势下，我国要逐步将部分产业转向国外，依托国内市场，推动我国经济实现高质量发展。

◆高水平对外开放有利于加快形成新发展格局

内循环与外循环并非相互独立，互不干预，而是要相互促进。一方面，充分释放国内大循环的活力可以提高对外开放水平。随着 居民的收入水平不断提高，中等收入群体的规模不断壮大，消费成为拉动经济增长、畅通内循环的重要引擎。另一方面，国内市场消费需求的不断释放，为其他国家分享中国经济增长红利提供了一些机会。同时，高度开放的国内市场也会吸引更多国际资源与要素进入，为企业创造更多发展机会。简言之，高水平的对外开放可以加速双循环新发展格局的形成，具体分析如下。

（1）随着关税不断下调，商品进口规模不断扩大，国内市场的需求潜力将进一步释放。目前，我国关税平均水平远低于大多数发展中国家，吸引了大量国外商品进入，不仅与世界各国共享国内经济发展红利，而且在一定程度上满足了人们不断升级的消费需求，使人们的生活品质得以大幅提升。土地、能源等要素可以更集中、更高效地投放到比较重要的战略性产业与项目中，对国内大循环的形成产生积极的推动作用。

（2）随着部分产业的市场准入门槛不断下调，吸引越来越多的企业进入，导致行业竞争加剧，进一步提高企业的竞争力。因此，我国要坚持对外开放，进一步提高对外开放水平，增进国内外高端技术人才的交流与合作。在资本的助力及市场需求的推动下，切实提高自主创新能力，在关键技术领域取得重大突破。事实证明，通过参与全球竞争与合作，我国可以培养出更具创新力的优秀企业。

（3）以全球经贸规则为基础形成制度型开放，可以推动中国经济实现高质量发展。为了进一步提高对外开放水平，推动流动型开放向制度型开放转变，开放措施要不断从边境措施向边境内措施延伸。同时，我国要持续推进知识产权保护等与贸易相关的边境内措施的制度建设，为推动我国经济高质量发展奠定良好的基础。

关于进一步提高对外开放水平，根据党中央的指示，有两点需要注意：第一，凡是有合作意愿的国家、地区和企业，我国要报以同样的合作意愿与态度，形成全方位、多层次、多元化的开放合作格局。第二，开放程度越高，越要提高对安全的重视程度，对安全与发展之间的关系进行统筹协调。这就意味着要从战略高度推进开放合作，从全球化视角优化营商环境，与所有遵守市场规则与国际经贸协议、尊重我国主权、不损害我国利益的国家和企业合作。此外，我国还要在提高开放程度、扩大开放范围的同时，做好风险防控与监管，坚决维护国家利益与企业利益。

建设更高水平的开放型经济新体制

2020年5月14日，中共中央政治局常委会会议首次提出"深化供给侧结构性改革，充分发挥我国超大规模市场优势和内需潜力，构建国内国际双循环相互促进的新发展格局"。2021年3月，《中华人民共和国国民经济和社会发展第十四个五年规划和二〇三五年远景目标纲要（草案）》提出，“加快构建以国内大循环为主体、国内国际双循环相互促进的新发展格局”。“国内国际双循环”一词被反复提及，已经成为我国当前经济环境下的新发展格局。

实际上，国内循环与国际循环是相互促进的关系。随着国内居民收入水平和消费水平不断提升，消费已经成为拉动我国经济增长的重要引擎，并带动了国内大循环，而国内大循环释放出来的活力进一步提高了对外开放水平。更加开放的国内经济环境能够吸引更多国际资源和要素，让世界共同分享中国经济增长释放出来的红利。

“十四五”时期，我国的对外开放水平必将进一步提升，呈现出更多新特点。为了尽快形成国内国际双循环相互促进的新发展格局，应该着重从以下几方面入手，创建更高水平的开放型经济新体制。

◆营造良好的外部环境

改革开放后，我国快速发展成为世界第二大经济体和第一大对外贸易国。在国内外均经历巨大变化的大环境下，我国要进一步扩大对外开放，主动营造良好的外部环境，促进与其他国家和地区之间的合作。

一方面，我国要加强与发达国家的合作，通过合作提高科技创新水平，提升我国在全球产业链中的地位；另一方面，我国要与拥有互补性要素或具有较大增长空间的新兴经济体建立良好的关系，努力探索构建新型生产网络。

◆逐步提升开放合作层次

在营造良好外部环境的基础上，我国要逐步提升开放合作层次。从降低关税、缩减外商投资准入负面清单等方面切入，提升对外贸易的便利程度。立足于我国国内大循环，为高端生产要素、优质商品和创新科技的国际流动创造条件，推动我国经济实现高质量发展。

此外，我国还要平衡"引进来"和"走出去"之间的关系，严格把控引进商品和外商投资的质量，扩大知识密集型服务贸易的规模，使我国在全球供应链、产业链、价值链中的地位得到进一步提升。

◆积极推进制度型开放

开展对外贸易，构建双循环新发展格局，需要对相关领域的边界进行科学测算和综合衡量，建立有效的协调机制。

（1）在中小企业发展、环境保护、政府采购等领域，我国应该主动与发达国家合作，吸取发达国家的先进经验，注重学习和借鉴其他国家的适用规则，尽量保证规则之间不存在较大冲突。

（2）对于政府补贴、数据安全等领域，不同国家之间往往存在较大分歧，我国应该进行充分沟通和协调，促使双方顺畅合作。

（3）针对具体行业的技术标准和管理规则等领域，我国应该积极推动国家之间的管理部门建立常态化的协调机制，尽可能消除合作过程中可能存在的阻碍。

◆提升开放型经济的平衡性

高水平的对外开放需要提升开放型经济的平衡性。就我国的经济发展情况而言，尤其需要注意完善中西部等地区的基础设施建设，完善东西部综合交通网络布局，降低中西部地区的开放合作成本。

例如，我国可以在中西部地区选择一些产业基础较好的城市作为试点，在对外开放以及东西部合作等方面出台优惠政策，进一步带动地区发展，解决我国开放型经济的地区失衡问题。

推动国内国际产业链供应链畅通

改革开放初期，为了尽快与国际经济接轨，推动经济创新发展，我国积极引入外资企业，并取得了举世瞩目的成果。但目前，在贸易保护主义和单边主义抬头的趋势下，要打通国内国际产业链、供应链，不仅需要以高质量“引进来”助力供给侧升级，还需要以高水平“走出去”深化产业链合作。

◆以高质量“引进来”助力供给侧升级

在国际经济环境日益复杂的当下，“引进来”对于我国构建国内国际双循环的发展格局具有极其重要的意义，是与发达经济体建立深度合作的重要途径，是提升我国在全球供应链、产业链的地位的主要方向，也是借鉴国际创新科技和核心技术的主要方法。

以高质量"引进来"助力供给侧升级，需要特别注重以下两个方面。

（1）提升我国在全球价值链的地位。近几年，随着移动互联网、人工智能、大数据、云计算等新兴技术不断发展，国内外涌现出一批知名的独角兽企业、跨国公司等。这些企业提供的产品和服务具有比较高的附加值，因此能够向全球供应链、产业链、价值链的高端环节延伸。

我国在品牌塑造、研发设计等领域具有较强实力的企业，应该积极寻求与上述公司或机构的合作，以增强我国在国际重点行业和新兴行业的领导力，提升我国在全球价值链的地位。

（2）持续优化要素结构。随着国内各类生产要素成本不断上升，我国传统的成本优势逐渐减弱，而国际发达经济体中的知名企业往往是高端要素的主要载体。实施"引进来"战略，应以持续优化要素结构为主要目的，将创新科技和核心知识作为引进的重点。具体来看，我国应该从政策等方面为专业服务机构、金融机构、研发创新机构等的国际合作提供支持，吸引国际高水平机构和个人来华创新创业，由此带动我国要素结构的持续优化。

◆以高水平"走出去"深化产业链合作

在深化对外贸易的过程中，我国不仅积极"引进来"，还坚持"走出去"，取得了显著成果。根据商务部、国家统计局和国家外汇管理局联合发布的《2019年度中国对外直接投资统计公报》：

> 截至2019年底，中国超2.75万家境内投资者在全球188个国家(地区)设立对外直接投资企业共4.4万家，全球80%以上国家(地区)有中国的投资，年末境外企业资产总额共7.2万亿美元。在"一带一路"沿线国家设立境外企业超过1万家，2019年当年实现直接投资186.9亿美元，同比增长4.5%，占同期流量的13.7%；年末存量共1794.7亿美元，占存量总额的8.2%。2013—2019年中国对沿线国家累计直接投资1173.1亿美元。

虽然受经济全球化逆行等因素的影响，全球经济在未来一段时期会略显低迷，但那些市场发展潜力较大的国家对投资的需求仍然比较迫切。我国企业可以积极"走出去"寻求合作，特别是在"一带一路"沿线国家设立企业，由此重构全球产业链，构建国内国际双循环。

（1）创新对外投资形式，重构现代供应链和全球价值链。我国的对外投资应该坚持一条主线，即将对外投资与我国的产业结构调整相结合。就目前我国产业结构的整体情况来看，应该有序推进铁路、通信、电网、工程机械等领域的投资合作，通过政府主导，打造链条式、集群式投资，最终形成以本土跨国公司为主导、境内外企业分工合作的高效供应链体系，在全球贸易活动中拥有话语权。

为了实现上述目标，政府相关部门应该做好服务和引导工作，打造一套适用于我国企业对外投资的考核体系，创新对外投资形式，重构现代供应链和全球价值链。

（2）推动打造对外投资联合体。通过打造对外投资联合体，能够实现高水平"走出去"，比如：

- 在工程承包等领域，设计方、投资方、建设方、服务方等可以组建优势互补的联合体，共同分享利益、承担风险。
- 在具体的行业，国内行业组织可以寻求与境外中资组织合作组建共同投资联盟，共同做出投资决策，分享利益。
- 相关产业资本与金融资本可以强化银企合作机制，联合"走出去"。
- 政府可以推出相关政策，支持内地企业与香港等地的专业机构建立合作，联合"走出去"。
- 政府可以推出相关政策，支持国内企业与跨国企业、国际机构建立合作，共同投资第三方市场。

（3）实施境外经贸合作区创新发展工程。境外经贸合作区创新发展工程的实施，能够赋予"走出去"以更多新模式和新趋势。

- 在"走出去"的目标国家方面，应该以"一带一路"沿线国家为重点，通过对外投资构建良好的国际合作关系；

• 在“走出去”的产业布局方面，以制造和物流等相关产业为主，培育一批具有良好发展前景的对外投资示范区；

• 在投资建设和运营模式方面，应该注重创新，支持项目开发商、运营商、服务商等以联合投资、并购、参股等多种方式探索合作；

• 在发展模式方面，可以打造境外经贸合作区与境内园区合作发展模式，共同分享利益、承担风险；

• 在政府政策方面，应该加大支持力度，完善相应的金融支持、考核评价等体系。

积极扩大进口，联通国内国际市场

我国要实现国内国际双循环相互促进，需要积极扩大进口。扩大进口的优势主要体现在两个方面：一方面，我国通过扩大进口先进技术装备、关键零部件以及其他优质产品，能够优化我国的生产要素，有利于市场良性竞争，并最终服务于人民生活，使国内供需关系达到更高层次的平衡；另一方面，通过积极扩大进口，能够将我国经济增长与结构转型带来的机遇与其他国家分享，带动全球经济整体发展，推动国际市场实现供需平衡。

随着我国经济的不断发展，我国的进口规模逐年扩大，进口产品的种类不断增多，质量也不断提高。中国国际进口博览会等展会的频繁举办，也为全球优质的商品与服务进入我国提供了平台。未来，我国对全球商品和服务的吸引力会进一步提高，而通过进口形成国内国际市场双循环亦需要有的放矢。

◆着眼于满足居民消费升级，扩大优质消费品进口

经过经济高速发展阶段，我国的经济总量和人均GDP均实现了快速增长。2020年我国的GDP首次突破100万亿元，人均GDP达到1.05万美元，连续两年超过1万美元。而参考居民恩格尔系数，我国已经进入20%~30%富足区间，其对应的消费特点为生存型消费向发展型消费转变、数量型消费向质量型消费转变、模仿型消费向个性化消费转变。此外，国内企业的供给结构与居民消费需求不匹配也导致国内供需循环不畅。

因此，为了满足人们日益增长的美好生活需要，我国应该适度扩大优质消费品的进口，具体措施如下：

- 降低与人们消费需求密切相关的产品的进口关税税率，比如日用消费品、医药以及康复设备等。
- 鼓励和支持境内流通企业整合进口和境内流通业务，通过电商平台等扩大进口商品销售。
- 培育一批具有较强国际商品消费能力的城市，打造优质进口消费品集散枢纽，引领国内消费需求升级，吸引境外消费回流。

◆着眼于深化供给侧结构性改革，扩大先进技术、设备和零部件进口

经过几年的供给侧结构性改革，我国的产业结构已经进入转型升级阶段。之所以出现供需不平衡，低端供给相对过剩、中高端供给相对不足的局面，主要原因在于缺乏先进技术、设备和零部件。尤其是在一些涉及核心技术和创新科技的领域，供需矛盾尤为突出。

而要解决这一问题，一方面需要自主创新，实施创新驱动战略，加快建设科技强国；另一方面需要适度扩大先进技术、设备和零部件的进口，通过学习和借鉴国际领先技术与经验指导创新。要扩大先进技术、设备和零部件进口，深化供给侧结构性改革，可以实施以下措施：

- 通过降低关税促进进口，基于《鼓励进口技术和产品目录》，对国内急需的先进技术和设备进口实施零关税。
- 通过信贷支持促进进口，推动银行等金融机构加大对急需的先进技术和设备进口的信贷支持力度。
- 通过租赁促进进口，政府出台相关政策支持融资租赁和金融租赁企业，拓展进口设备融资租赁业务。

◆着眼于提高市场保障能力，扩大农产品及各类资源性产品进口

除优质消费品以及急需的先进技术和设备需要进口以外，农产品及各类资源性产品的进口也需要进一步扩大，以提高市场保障能力。考虑

到这部分产品的特点，我国可以将"一带一路"沿线国家作为主要的进口来源地，具体可以采取以下措施：

- 增加相关产品的储备，在完善国家储备体系的同时，鼓励企业加强商业储备。
- 通过专项资金等相关政策，支持境外资源的开发以及回运，稳定国内各种资源尤其是稀缺资源的供应。
- 基于我国的基本情况，适度扩大再生资源进口，增强市场保障能力。

深化经贸合作，共建"一带一路"

截至2020年11月，我国已经与138个国家、31个国际组织签署201份共建"一带一路"合作文件。自"一带一路"倡议提出以来，我国对相关沿线国家的贸易投资规模不断增长，带动了"一带一路"区域的整体循环。

"十四五"时期，共建"一带一路"需要从市场开拓、金融保障、项目建设、风险防控等方面入手，推动我国与"一带一路"沿线国家的经贸合作进一步深化，主要呈现出以下特点。

◆突出重点

“一带一路”建设着力研究解决投资贸易便利化问题，而自推出至今其重点是贸易畅通的全面布局和总体推进。但不同时期应该突出不同的重点，要释放合作潜力，实现高质量发展，还需要针对不同的合作伙伴和合作领域推出针对性的措施：

- 在合作伙伴方面，应该着重关注贸易合作潜力较大的国家和地区。
- 在合作领域方面，应该选择具有更大增长空间的行业。
- 在合作项目方面，应该选择具有示范效应和标杆作用，能够产出更多成果的项目。

◆开放创新

“一带一路”的根本在于以开放带动共赢，而贸易合作的重点在于消除投资和贸易壁垒。“一带一路”沿线国家经济互补性较强，彼此合作潜力和空间很大。在“一带一路”沿线国家进行贸易合作应该反对贸易保护主义和单边主义，构建区域内和各国良好的营商环境。此外，应该着重于贸易合作的创新性，借助移动互联网等新兴技术发展合作新业态、新模式。

◆合作共享

"一带一路"贸易合作能够畅通的有力法宝就是合作共享。推进"一带一路"建设，需要充分发挥各个国家的特点和优势，致力于解决各个国家存在的就业、民生、贫困等问题，使贸易合作成果能够真正惠及各国。作为倡议的提出方，我国需要积极推进相关的对外贸易合作，将我国发展的机遇与"一带一路"合作伙伴共享。

◆绿色发展

无数的经验已经证明，要实现可持续发展必须坚持生态文明，而"一带一路"沿线国家地理位置特点也决定了其应该坚持绿色发展。所谓绿色发展，是以效率、和谐、持续为目标的经济增长和社会发展方式，是对可持续发展的继承。

在具体实施绿色贸易的过程中，我国应该将相关理念和措施纳入自由贸易协定，扩大环境产品和服务的进出口。在新冠肺炎疫情暴发后，全球对供应链安全提出了新要求，这也使得"一带一路"绿色供应链管理体系的建立具有极强的必要性。

◆国际标准

由于"一带一路"相关贸易合作涉及多个国家，贸易活动通常需要遵循所有合作伙伴支持的规则。因此，我国应该基于世贸组织的多边贸易体制，与“一带一路”相关贸易特点相结合，在具体的对外贸易活动中，在招投标、项目建设、运营等环节均遵守事先约定的规则。

另外，为了更好地共享合作，我国应与“一带一路”沿线国家共同推进《联合国2030年可持续发展议程》等有利于可持续发展的国际协议，共同描绘发展蓝图。

加快构建高标准自由贸易区网络

自由贸易区的设立能够提升商品的流动性，是促进国内国际循环的有效途径。根据世界贸易组织的统计，截至2019年有效的自由贸易区数量已经达到304个，其中的72.3%建立于2000年后。

自由贸易区是参与国共同谈判的结果，因此能够体现各参与国关于对外贸易、投资倾向、产业发展乃至技术标准等多个方面的需求，能够最大化地维护各成员国的经济利益。此外，自由贸易区有效消除了成员国之间的合作壁垒，对畅通国际经济循环有明显的促进作用。

目前，我国正处于“十四五”的重要阶段，加快构建高标准自由贸易区网络对促进我国经济发展具有极其重要的价值。因此，我国应该支持WTO多边贸易体制主渠道地位，以及“一带一路”沿线国家的对外贸易合作，以贸易投资自由化推动国内国际双循环相互促进。

◆扩大自贸区覆盖范围

为了最大化地实现经济优势互补，促进共同发展，我国应该尽可能地扩大自贸区的覆盖范围：

- 在全球层面，争取与大部分拥有共同诉求的国家建立自由贸易区，比如与发达国家、发展中国家、新兴经济体等构建不同的区域大市场。
- 在"一带一路"层面，按照优势互补、互利共赢的原则，同沿线国家共建自由贸易区，推动建立创业投资合作机制。
- 在周边层面，充分利用地理优势，力争与友好的毗邻国家和地区建立自由贸易区，深化彼此之间的贸易往来。

◆扩展自贸区议题范围

为了发挥自贸区对我国发展的推动作用，除了扩大自贸区的覆盖范围外，我国还要针对自贸区的不同特点扩展自贸区的议题范围：

- 在与发达国家共同建立自贸区的合作中，要加快推进竞争政策、政府采购、知识产权保护、环境保护等对我国发展具有重要价值的议题的谈判。
- 在与发展中国家共同建立自贸区的合作中，要将全球价值链、产业合作等议题纳入谈判范围，在带动合作伙伴发展的同时，进一步促进我国经济发展。

◆提升自贸区规则标准

此外，提升自贸区规则标准能够进一步推动合作共赢：

- 在传统议题领域，为了进一步推进自由贸易区的平等和开放，我国应该将负面清单模式等具有建设性的举措应用到服务贸易和投资领域的谈判中。
- 在新议题领域，我国要提高对知识产权、环境保护、电子商务等新兴领域的重视程度，逐步商定具有较强操作性的规则体系。

此外，我国还需要深入研究并借鉴发达经济体主导的自由贸易协定的规则与标准，结合中国国情，推出能够兼顾各方利益的自由贸易规则体系。

第七章

创新驱动：实现我国科技自立自强

创新驱动：全面塑造发展新优势

党的十九届五中全会审议通过的《中共中央关于制定国民经济和社会发展第十四个五年规划和二〇三五年远景目标的建议》中重点指出“坚持创新驱动发展，全面塑造发展新优势”，并从强化国家战略科技力量、提升企业技术创新能力、激发人才创新活力和完善科技创新体制机制四个方面进行了部署。之所以对创新进行专门部署，主要是因为就目前的国际国内形势而言，创新对国民经济和社会发展具有重大战略意义。

◆深刻认识创新驱动发展的重大战略意义

党的十八大以来，我国一直将创新放在核心位置。2020年8月24日，习近平总书记在主持召开经济社会领域专家座谈会时再次强调“要以科技创新催生新发展动能”。实现高质量发展，必须实现依靠创新驱动的内涵型增长，大力提升自主创新能力，尽快突破关键核心技术。

当前，国内外环境在经历深刻变化。国际方面，新冠肺炎疫情的流行加速了政治、经济、文化、科技等多个领域的格局调整；国内方面，我国已经进入高质量发展阶段，人们对美好生活的追求日益增长。从辩证的角度看，大环境的变化既给我们带来了新的机遇，也带来了一些严峻的挑战。而只有实施创新驱动战略，才能形成开放的国内国际双循环，提升我国在世界经济中的地位。

改革开放以来，经过多方面的共同努力，我国的综合实力和国际竞争力显著提升，但是在一些先进科技和核心技术方面，我国与国际先进水平之间仍然存在比较大的差距，这也导致了我国很多产业受制于人，无法获得可观的利润。因此，我国必须充分发挥社会主义制度集中力量办大事的显著优势，打好关键核心技术攻坚战，加速科技成果向现实生产力转化，提升产业链水平。

“十四五”时期是开启全面建设社会主义现代化国家新征程、向第二个百年奋斗目标进军的第一个五年。在这一需要开好局、起好步的重要时期，我国应该坚持创新在社会主义现代化建设中的核心地位，将科技自立自强作为国家发展的战略支撑。

◆深入实施创新驱动发展战略的关键举措

科技创新是一项艰巨的任务，需要各方面协同配合、共同努力。比如，在一些亟须谋求科技创新的关键领域，应该加大政府政策和资源支持力度，充分发挥企业和市场的互动作用；通过顶层设计的创新驱动自主创新，明确企业、院校等在技术创新领域的角色和功能，激发创新的动力和积极性。具体来说，创新驱动战略的实施需要从以下几方面入手。

（1）实施创新驱动的突破点是制度创新。科技创新的难度高、投入大、周期长，因此必须充分发挥政府的作用，通过制度创新带动科技创新。

首先，需要发挥政府的导向作用，为科技创新营造良好的环境。其次，应该发挥政府的激励作用，例如通过采购政策、奖励政策、税务减免政策等对科技创新进行激励。再次，需要发挥政府的综合协调作用，通过优化布局和整合资源，提高有利于科技创新的资源配置效率。最后，在"十四五"时期，科技创新必须进一步打破制度方面的阻碍，以制度创新孕育科技创新，加快我国在自主创新领域的步伐。

由于企业直接参与市场竞争并与消费者联系紧密，所以其对用户的需求以及产品和技术的痛点有更为精准的把握。在实施创新驱动战略过程中，政府必须强化企业的主体地位，努力构建一个以市场为导向、以企业为主体、产学研三方紧密结合的科技创新体系。

与此同时，企业应该积极与相关高校、科研机构等建立合作，加强资源之间的沟通和共享，形成实力强劲的创新联合体。而且，企业与政府部门、金融机构等之间的角色分工也需要厘清并强化，发挥各自在创新环节的功能。

（2）进一步加强科技平台建设。党的十八大以来，在科技创新方面，我国积极寻求国际创新合作，扩大科技对外开放领域。进入“十四五”时期后，为了进一步抓住科技革命和产业变革的机遇，我国要进一步加强科技平台建设，不仅要将先进技术和人才“引进来”，还要引导企业“走出去”。

为了帮助企业更好地“走出去”，我国需要培育一批具有一定实力、能够面向全球的技术合作服务中介，将我国企业或科研机构等与国际先进资源对接。通过加强科技转移中介等平台的建设，我国企业可以在先进国家建立技术研发机构，借鉴和引进国外的优质资源，提升自身的科技创新水平，也可以通过开展项目合作或联合研究的方式，共同攻克技术难题。

（3）要坚定不移地推进开放合作创新。在科技创新方面，我国一直坚持走自主创新的道路，这是因为关键核心技术只有掌握在自己手中，才能够从根本上保障国家安全。但自主创新并不等同于关起门来搞创新，进行科技创新必须具有国际视野。在经济全球化深入发展的大背景下，任何国家都不能仅靠一己之力解决所有技术难题。

在中国科学院第十九次院士大会、中国工程院第十四次院士大会上，习近平总书记强调：“自主创新是开放环境下的创新，绝不能关起门来搞，而是要聚四海之气、借八方之力。"因此，我国要实施创新驱动战略，应当坚定不移地推进开放合作创新，打破机构间的边界，搜寻一切有益的资源加以利用，提升我国的科技创新能力。

科技自立自强：国家发展的战略支撑

随着我国经济的不断发展，人们对美好生活的需求越来越迫切，我国社会的主要矛盾也呈现出了新的特征。要满足人们日益增长的美好生活需要，就要解决我国社会发展中存在的问题。

"十四五"时期我国经济社会发展的目标之一，就是让民生福祉达到新水平，使人民得到全面发展、更加富裕、生活更加美好。而要实现"全体人民共同富裕取得更为明显的实质性进展"这一远景目标，首先需要以科技进步带动经济发展。

发展问题是解决众多问题的基础和关键。我国要满足人们对于美好生活的追求、实现经济的可持续发展，都需要以科技创新为突破点，实施科技兴国战略，解决我国社会发展存在的主要矛盾。

当前，我国发展环境面临深刻复杂变化。一方面，当今世界正经历百年未有之大变局，国际力量对比深刻调整，国家环境日趋复杂，不稳定、不确定性因素明显增加。另一方面，我国已转向高质量发展阶段，继续发展具有多方面优势和条件，但我国发展不平衡不充分问题仍然突出，创新能力无法满足高质量发展要求。因此，我国必须深刻认识到错综复杂的国内外环境带来的新矛盾、新挑战，以科技创新带动国家发展，在激烈的竞争中脱颖而出。

新冠肺炎疫情影响广泛深远，加剧了经济全球化的逆流，也激化了国家之间的竞争。在这样的大环境下，不仅国际秩序会经历调整，全球经济也会遭到波及，我国的产业链和供应链会经历较为深度的重构。这些将给我国经济发展带来严峻的挑战。

但从辩证的角度看，挑战的背后也蕴含着机遇。新的发展规划需要立足于中华民族伟大复兴和世界百年未有之大变局，对我国社会主要矛盾变化带来的新特征新要求产生深刻认知，将科技创新作为重要驱动战略，在变局中开新局。

◆擘画建设科技强国宏伟蓝图

党的十九届五中全会着重强调创新驱动发展的战略意义，又进一步提出“把科技自立自强作为国家发展的战略支撑，面向世界科技前沿、面向经济主战场、面向国家重大需求、面向人民生命健康，深入实施科教兴国战略、人才强国战略、创新驱动发展战略”，指明了我国科技创新的方向为自主创新，而且要以世界先进科技、市场经济、国家需求和人民生命健康为导向。

强化国家战略科技力量、提升企业的技术创新能力、激发人才创新活力和完善科技创新体制机制，是“十四五”时期我国经济社会发展的重要目标。而且，实施科教兴国战略、人才强国战略、创新驱动发展战略，不仅是我国目前发展阶段的任务，也是国家长期的奋斗目标。只有立足于科技自立自强，才能够实现中华民族伟大复兴的战略梦想。

改革开放以来，特别是党的十八大以来，我国在科技创新领域的投入不断增加，科技成果产出的质量和数量有目共睹，我国的科技事业取得了显著进步。"十三五"时期，我国的研发投入强度为2.23%，2020年我国的全球创新指数位列第14。科技的进步带动了国家的发展，为完成"十四五"规划和2035年远景目标打下了坚实的基础。

◆新征程要求加快建设科技强国

国家的发展需要依靠科技的进步。虽然我国的科技创新在"十三五"时期取得了巨大的进步，但与国际先进水平相比仍然存在较大差距，亟待解决的问题众多，众多产业仍然处于产业链的中低端，发展受制于人。而要补足科技短板、提升我国的经济实力和确保国家安全就需要努力开展原创性、前瞻性科技创新，将我国打造成世界主要科学中心和创新高地。

（1）加快建设科技强国，实现科技自立自强是根本。我国在众多核心技术领域存在短板，因此很多产业的发展容易遭遇打压，我国经济的整体发展和国家安全深受影响。

因此，在"十四五"时期，我国应该调动一切优质资源打好关键核心技术攻坚战，攻克关键共性技术、前沿引领技术、现代工程技术、颠覆性技术等阻碍国家发展的核心技术，全面推进科技强国建设。

（2）加快建设科技强国，服务实体经济发展是目的。加快建设科技强国，需要从市场机制中汲取营养，再回馈给市场，服务实体经济发展。在发挥市场机制的作用方面，我国首先应该强化企业的主体地位，将企业培养为新的创新高地。一方面，政府可以加大对企业的研发支持力度；另一方面，企业应该兼顾研发与经营，提高自身的技术创新能力。科技创新也要服务于实体经济发展，即推动实体经济提质升级。

- 提升科技成果转化效率。在一些高精尖技术领域，比如航天科技、量子信息、生命健康、人工智能等技术研发方面，应该注重科技成果的转化，将技术的突破转化为现实生产力。

- 打造更健全、更具有创新性的供应链和产业链。加大在科技创新和关键技术攻克领域的投入，解决制约产业发展的技术短板，构建更具有创新性、附加值更大的自有供应链和产业链。

（3）加快建设科技强国，坚持与制度创新协同共进是保障。

- 强化顶层设计，以制度创新带动科技创新。加快建设科技强国，应该坚持问题导向和目标导向相结合，通过顶层设计和制度创新鼓励和保护科技创新，并为创新成果的转移转化提供保障。

- 在完善政府服务的同时，激发市场蕴含的潜力。激烈的市场竞争能够激发企业进行创新，并进行创新成果的转化，良好的政府服务和市场机制有助于科技成果的百花齐放。

- 完善人才发展机制，充分激发人才的创新潜力。良好的人才培养、评价、流动和激励机制，能够为国家培养一批具有创新能力和爱国意识的人才，服务于国家发展大局。

人才驱动：创新驱动战略的本质

创新驱动实质上是人才驱动，习近平总书记也强调，"人才是创新的根基，是创新的核心要素"。因此，要以科技创新催生新的发展动能，需要充分挖掘人才资源。

要发挥人才的驱动力量，首先应该充分利用好国内外的人才资源，建立一支富有冒险精神、具有创新能力的人才队伍，并积极引进有利于创新人才培养的机制，为他们发挥个人才能提供足够的空间。

在已有人才方面，应该赋予相关科研机构及其人员充分的自主权，在科技创新的过程中积累合适的人才。在创新人才选拔中，应建立多元化的人才评价机制，注重创新能力与成果、品德等的综合评价，并完善相应的薪酬待遇、购房补贴、岗位升迁等关联政策，从各方面保证创新科研人才发挥自身的积极性和创造性。需要注意的一点是，在科研人才培养过程中，要提升他们的爱国意识和责任意识，激发其以知识报效祖国的动力。

在外来人才的引进方面，则需要优化人才引进制度，建立人才引进保障机制，切勿故步自封。在条件允许的情况下，应当从发达国家和地区选拔适宜的优秀人才。为了促进人才驱动，应该坚持以用为本的原则，搭建具有国际影响力的人才平台，以便更好地攻克关键技术瓶颈。

随着我国经济的不断发展，居民消费水平不断提升、消费意识逐步升级，高端市场在整个市场份额中的比重进一步提高，这对科技创新提出了更高的要求。近几年，我国传统产业的数字化转型取得了巨大成就，但是在一些创新科技和关键技术领域与国际领先水平仍然存在比较大的差距，这不仅导致产业发展受制于人，国家安全等方面也深受不良影响。

由于中美之间的贸易冲突，2019年5月16日，美国断供华为芯片，并将其列入“实体清单”，禁止美国企业向华为出售高端芯片和技术。2020年，美国进一步出台限制政策，禁止美国企业或个人投资华为。由于缺乏高端芯片，且不能再获得Google Android系统授权，华为在全球智能手机市场的发展受阻。

在其他领域，这样的情况也普遍存在。例如，在新能源汽车产业领域，我国新能源汽车的产销量虽然位居世界第一，但相关技术专利的数量远远少于美国和日本。由于缺乏关键核心技术，我国新能源汽车缺乏足够的竞争力。例如国产北汽EU系列的售价约为特斯拉Model 3车型售价的1/3，在高端市场并无优势。

由于新冠肺炎疫情在全球的流行以及贸易保护主义和单边主义的盛行，全球产业链分工正在发生深刻变化。我国的经济发展要想取得突破，必须推动传统产业实现数字化转型与升级。

一方面，我国要充分发挥制度优势，从政策、资源等方面进行统筹，努力营造有利于科技创新的氛围，并加大在数字经济领域的投资和支持，完善数字经济基础设施建设；另一方面，要充分发挥广大企业的主体作用，让企业成为科技创新的主力军，并鼓励企业进行科技成果转化，提升我国产品在高端市场的竞争力。

归根结底，科技创新和关键技术的竞争是人才的竞争。随着新一轮科技革命和产业变革不断推进，生物科技、人工智能、大数据等新型技术的发展将进一步引领社会发展，产业之间的竞争也会提升对高科技人才的需求。

就我国国情而言，我国具有科技创新和关键技术研发能力的人才主要出自高等院校和科研机构，而企业中具有科技创新能力的人才比较少。因此，对于高等院校和科研机构中的人才，国家应该加强市场化引导，使其能够更好地适应市场经济和产业变革；而对于企业中的人才，国家应该引导企业完善培养机制，为人才提供更广阔的发展空间。具体来说，可以从以下几个方面入手：

◆加强对未来引领性技术的预见和人才培养工作

进行科技创新应该具有前瞻性眼光，不能一味地追逐国外技术。相关机构可以通过一些重大的科技创新研究，发掘其中的优秀人才，培养一批具有预见性和创新性的科技人才。在科技创新工作中，应该增强人才对创新科技的预见性，以抢占前沿技术，获得发展先机。

◆加强面向市场化的科技人才培养

人才的流动性有助于其科技创新意识的培养，因此企业应该加强与科研机构、高等院校之间的人才共享。在科技人才的培养方面，应该加强面向市场化的人才培养，高等院校、科研机构等的课程设置和科研项目需要以市场需求为参考，为国家输出优秀科技人才奠定坚实的基础。另外，我国还要重视人才培养的国际化，鼓励国内高等院校和科研机构积极参加国际交流与合作。

◆建立健全市场导向的科技成果评价体系

科技创新的直接目的在于转化科技成果。科技成果转化的好坏在很大程度上决定了科技创新成功与否。因此，促进科技成果转化是实施创新驱动战略的必然要求。要想推动科技成果顺利转化，需要进一步建立健全市场导向的科技成果评价体系，推出多种奖励措施，完善科技成果转移转化体系，从加强知识产权保护和增加收益两方面提高科研人员的收益。在人才的配置和流动方面，我国要健全人才服务体系，采取政府宏观调控、市场公平竞争等措施对人才进行合理配置。

进一步促进科技成果转化还需要做到以下几点：完善与科技成果转化相关的政策法规，并在科技创新活动中完善和落实；打通科技成果转化服务链条，支持交易中介、孵化器等业态的发展，提高其服务水平；加强对知识产权的保护，为科技创新成果转化提供良好的法律与政策环境；优化科技成果转化激励机制，提高科技成果转化效率。

另外，由于科技成果转化与科技创新一样，是一个复杂的系统工程，需要政府部门、企业、科研机构等共同合作。一方面，科研机构、高等院校等应提高科技创新成果的供给能力，与全社会共享科研成果；另一方面，企业要具有一定的科技成果转化能力，并使其惠及民众，带动国家经济发展。

技术创新：科技强国建设的核心

科技是第一生产力。一直以来，我国都非常注重科技发展与创新。2006年提出的"自主创新"以及2020年提出的"科技自立自强"，都是政府层面对科技领域的战略部署。在政府领导下，我国将优化科技资源的配置，推动技术攻关，在重要领域关键核心技术层面占据领先地位，为构建双循环新发展格局、建设科技强国提供一条有效路径。

从目前的发展形势看，外部政治、经济形势将在很长一段时间内保持多变的特点，我国需要从思想、行动等层面做好应对准备，进一步提高对外开放水平，提高国际竞争力，创建一个安全、稳定的开放型经济体系。在此形势下，构建双循环新发展格局意义深远。随着这一战略的不断推进，对基于自主创新的关键核心技术攻关提出了更高的要求。

基于庞大的内需市场，技术创新可以轻而易举找到所需的应用场景，获得广阔的发展空间。现阶段的关键点在于解决“卡脖子”的技术难题，从创新层面为打通国内大循环扫除障碍，全面落实“科技自立自强”的理念，将重心放在掌握核心技术、开发前沿引领技术与颠覆性技术等领域。

◆强化顶层设计与战略规划

在关键核心共性技术攻关方面，相关单位要遵循补齐短板、筑牢底板、培育长板的基本思路，采取分级管理策略，对技术攻关的进度规划进行细化，合理分工，责任到人，全面保障产业安全，集中力量夯实产业基础，补齐短板，在长板领域尽快形成技术集群。

政府要积极推进国家战略科研攻关体系建设，加强统筹协调，不断加大在科研领域的投入，不断完善科研力量在相关领域的布局，对国家重点科研体系进行整合，建设一批国家级的实验室，组建若干支跨学科的科研队伍，深化产学研合作，共同致力于自主创新。另外，政府还要在财税、金融、政府采购等领域出台一系列配套政策，培育一批掌握关键核心技术的科技型企业与产业集群，实现高端技术、产品与装备的自主可控。在这个过程中，政府要引导企业聚焦前沿技术与前瞻性基础研究，促使基础研究实现产业化，推动研究成果落地应用，对我国现代化建设产生积极的推动作用。

◆提升企业技术创新能力

一方面，我国要鼓励行业龙头企业发挥带头作用，将建设世界一流的创新型企业与创新型领军企业视为中长期的发展目标，全面提升企业的技术创新能力。对于国有企业，要通过"以评促建"和"以评促改"完善评价考核体系，提高核心技术自主可控程度、研发成果质量、标准制订、创新辐射带动作用等指标在考核体系中的权重，引导企业不断增加在技术创新与研发领域的投入，与高校院所联合，不断加强与关键核心共性技术相关的基础研究与应用基础研究，在技术攻关方面发挥引领作用。对于研发周期比较长的项目，要推行尽职免责的容错机制，注重对项目连续支持的考核。

另一方面，我国要壮大产业集群，引领民营企业投入创新能力建设。政府要鼓励产业实现集群化发展，不断提高企业的专业化协作与配套能力，鼓励中小企业与行业龙头企业形成创新联合体，共同推进关键核心共性技术攻关，形成强协同、弱耦合的创新生态。与此同时，政府要从政策层面切入，通过完善相关政策，不断增加创新服务供给，激发企业对技术创新的热情，引导民营企业加大在技术创新领域的投入，不断完善技术创新体系，创建产业链增值收益分享机制，释放中小科技企业的活力，将它们打造成技术创新与研发的新生力量。

◆加强“从0到1”基础研究

要坚持做好基础研究，积极推进理念创新，发展新的科学原理，在此基础上实现科技自立自强，具体措施如下。

一方面，政府要针对基础研究设立专门的国家实验室，从政策、资金、人才等方面为基础研究提供持续稳定的支持，鼓励科学家自由探索、认真求证。基础研究领域要遵循需求导向与问题导向原则，组织科学家、技术与产业专家聚焦几个核心问题，集中攻关。政府要鼓励基础研究面向科学前沿与国家需求，有组织地集中优势力量进行研究，不断提高我国基础研究的水平，加强对前沿科技的探索，提高“从0到1”的创新能力。

另一方面，为做好基础研究，政府要明确高校与中国科学院的主体地位，通过出台相关政策，充分发挥其作为基础研究主体的作用，抓住世界一流研究院所与具有全球影响力的“双一流”研究型大学建设的机遇，持续推进基础学科与前沿交叉学科建设，为基础研究取得关键性突破奠定良好的基础。

体制创新：科技自立自强的关键

政府要想稳步推进科技创新，实现科技自立自强，必须全面深化改革，形成科技创新和体制机制创新“双轮驱动”，充分发挥机制改革的推动作用，具体来说要做到以下几点。

◆坚持和加强党的全面领导

2020—2035年，我国科技创新面临着两大挑战，一是来自欧美日韩等发达国家的围堵，二是来自印度等新兴经济体的追赶。在此形势下，为了保证科技自立自强战略能够稳步推进，必须将政治建设放在首位，全面坚持党的领导，保证党和国家的各项部署能够尽快落实到位。

◆深入探索运用新机制

政府一方面要鼓励科技领域探索应用"揭榜挂帅"、创新联合体等新模式新机制，另一方面要出台相关政策予以帮扶，根据不同产业的需求实施有针对性的激励措施，积极推进新型基础设施建设与跨区域合作，借助区块链、人工智能、工业互联网、5G等技术创建科技服务平台，实现分布式资源共享与数据协同，利用共识机制形成贡献度识别、价值识别与转换等能力，对相关人员进行个性化激励，为制约产学研协同创新的各种问题提供全新的解决方案。

◆改革评价体制，营造创新环境

政府要鼓励基础研究领域积极培养创新人才，建立健全行业评价体系，创建一支实力强劲的基础研究队伍，攻克重大领域与前沿方向上的关键性难题。另外，政府要鼓励基础研究领域创新评价体系，对于自由探索的课题项目，可以将新发现、新原理、新方法、新规律的原创性和科学价值等作为重点评价指标，鼓励创新型人才发展。

◆健全投入模式，激发创新活力

中央财政要持续加大在基础研究领域的投入，同时要积极拓展资金来源，鼓励地方政府、企业、金融机构、社会团体等参与其中；对基础研究领域的资源进行优化配置，探索实施非竞争性、竞争性“双轨制”基础经费投入机制，对引领性的基础研究团队提供持续稳定的支持。同时，要积极探索国家实验室、大科学设施与大科学装置建设与资源共享机制，在基础研究领域形成新优势。

◆充分发挥企业家的创新精神

关于企业家培养，习近平总书记提出五大要求，分别是爱国、创新、诚信、社会责任、国际视野。基于这一要求，科技领域要加快培养一批具有战略远见、关注未来的企业家，让企业家精神、科学家精神和工匠精神相互作用，共同作用于科技创新与发展。

◆以全球视野谋划科技自立自强

根据党中央的规划，双循环新发展格局的开放程度更高，不仅可以造福国人，还可以造福全世界。为此，我国要修炼内功，全面提高自身的综合实力，大力发展科学技术，鼓励科技创新，努力成为世界主要的科技中心与创新高地，掌握科技发展的主动权，在关键核心技术领域不再受制于人。

在此基础上，我国要深化国际交流与合作，联合"一带一路"沿线国家实施科技创新行动计划，组织形成国际大科学计划，推进大科学工程，不断丰富合作内容，探索新的合作方式，创建新的合作平台，全面提升合作水平、完善合作布局，在全球范围内对知识、技术、人才等创新要素进行整合，在更高的水平上推进自主创新，创建全球创新生态系统。

我国要积极参与全球创新治理，全面提升我国在全球创新体系中的地位，在相关规则制定方面掌握一定的话语权，积极推进全球创新治理格局与秩序建设，其内容涵盖科技合作、贸易、金融、科技服务、新兴产业培育、新旧动能转换、对发展中国家的科技援助与成果共享等各个方面，以中国智慧助力全球科技治理，对人类命运共同体的构建产生积极的推动作用。

3

第三部分

需求侧改革：实现供给与需求动态平衡

第八章

需求侧改革：构建国内大循环格局

需求侧改革提出的时代背景

2020年12月11日召开的中央政治局会议首次提出需求侧改革。在“双循环”战略背景下，需求侧改革的提出意味着我国要将发展重心转移到打通内循环堵点方面。

需求侧改革自提出以来就引起了广泛关注，这一举措与供给侧改革相结合，将充分释放国内市场的消费潜力，转变我国的经济发展方式，形成以国内大循环为主体、国内国际双循环相互促进的新发展格局，推动我国经济迈向一个新的发展阶段。需求侧改革不是凭空出现的，而是党中央在分析当前经济、政治形势的基础上提出的，具有重要的战略意义。

突然暴发的新冠肺炎疫情已经成为2020年影响全球的“黑天鹅事

件”。不断恶化的疫情给世界各国的政治、经济造成了严重影响，甚至有可能重塑世界战略格局。在此形势下，中央政治局结合我国的实际情况提出需求侧改革，是符合当下时代背景的重要决策。

◆不断恶化的疫情导致全球市场疲软，给全球经济造成了重创

据统计，受疫情影响，2020年1—9月，美国GDP同比下降3.8%，欧盟GDP同比下降6.9%，日本GDP同比下降5.9%，新冠肺炎疫情给全球经济造成的负面影响已经超过了2008年的金融危机。在此形势下，全球经济衰退已经无法避免。

在全球化时代，全球经济衰退必然会给我国经济造成不良影响，因为在拉动国民经济增长的“三驾马车”中，出口一直发挥着非常重要的作用。在应对疫情的过程中，一些国家认识到要将关系国计民生的产业掌控在自己手中，例如口罩、呼吸机等医疗产业等。因此，疫情结束后，一些国家会将部分产业从我国转移出去，导致我国出口增速放缓。面对外需的下降，想要稳定经济增长，我国需要将重心转移到内需方面，扩大国内需求。

◆我国国内市场消费不振，亟须实施需求侧改革

在全球主要经济体GDP纷纷下滑的形势下，我国GDP实现了正增长，2020年前三季度增幅达到了0.7%。当然，新冠肺炎疫情暴发后，我国经济发展也受到了比较严重的影响，尤其是实体经济。2020

年第一季度，我国GDP同比下降6.8%，其中1月制造业采购经理指数（Purchase Management Index，PMI）为50%，相比2019年12月下降0.2%，2月制造业PMI为35.7%，相比1月下降14.3%。除制造业外，服务业也受到了重创。据统计，2月我国服务业的PMI为26.5%，同比下降25.3%。

消费领域同样受到了比较大的影响。根据国家统计局最新公布的数据，2020年1—11月，我国社会消费品零售总额下降了4.8%。消费市场疲软，对经济发展造成了一定的制约。虽然从2020年7月以来，我国社会消费品零售总额已经连续4个月实现了正增长，但从总体来看仍呈负增长态势，如图8-1所示。在出口受阻的情况下，为了拉动经济增长，必须从消费端着手，采取必要措施扩大消费。

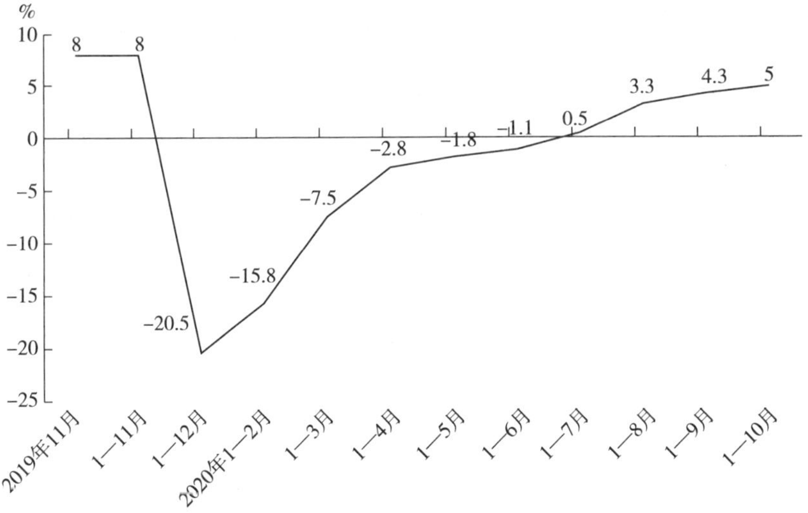

图8-1　社会消费品零售总额分月同比增长速度

数据来源：国家统计局。

◆贸易保护主义抬头，国际贸易争端频发

自1978年改革开放以来，我国经济飞速发展，目前已成为世界第二大经济体、第一大贸易国、第一大出口国、第二大进口国，为全球经济贡献了1/3的增长率。2019年，有经济学家预测，未来十年，中国将超越美国成为世界第一大经济体。中国的崛起让美国感受到了威胁，为了遏制中国强劲的发展势头，2018年美国对中国启动301调查，对从中国进口的1300种商品加征关税，以增加企业的生产成本，削弱中国企业的出口优势，给企业的生产、经营造成了不良影响。

在向中国发动贸易战的同时，美国还从新一代信息技术、航空航天技术装备、生物技术等领域向中国企业发起了科技战，全面打压中兴、华为、大疆等高科技企业，以期遏制我国的产业转型之势。除此之外，在教育、文化方面，美国一些政客提出“脱钩论”，提高留学生入学门槛，阻碍中美之间正常的教育、文化交流，在世界范围内大肆宣扬“中国威胁论”，企图建立一个将中国排除在外的经济体系。随着中美贸易摩擦愈演愈烈，再加上“逆全球化”趋势愈加明显，我国经济发展面临的外部形势急剧恶化。在此形势下，启动需求侧改革是稳定经济发展，应对贸易保护主义、国际争端的有效举措。

需求侧改革与供给侧改革

提及需求侧改革，很容易让人联想到供给侧改革。供给侧改革的主要目的是解决新常态下实体经济结构性供给不平衡、新旧动能转换不畅等问题，具体包括去产能、去库存、去杠杆、降成本、补短板五大任务。自2015年实施供给侧改革至今，“三去一降一补”工作取得了显著成效，经济运行中的结构性问题也得到了基本解决，供求关系得以改善，为需求侧改革奠定了良好的基础。从当前我国面临的经济、政治形势来看，构建双循环新发展格局是重大战略。而构建双循环新发展格局的关键就在于落实需求侧改革，顺应国内外经济、政治等环境的变化，缓解供需矛盾，解决需求结构不合理等问题。在需求侧改革的过程中，扩大内需是重点任务，可以创造新的消费需求，释放居民的消费潜力，对双循环新发展格局的构建产生积极的促进作用。

站在历史发展的高度来看，对于中国经济社会的发展来说，2020年具有里程碑意义。首先，2020年，我国的脱贫攻坚取得决定性胜利，全国所有贫困县成功摘帽，参照现行的贫困货币标准与“两不愁三保障”[①]的物质标准，所有贫困户全部脱贫。其次，2020年是“十三五”规划的收官之年，我国的经济实力、科技实力、综合国力都向前迈进了一大步。最后，面对突然暴发的新冠肺炎疫情，我国政府采取强有力的

① “两不愁”，即不愁吃、不愁穿。“三保障”，即义务教育、基本医疗、住房安全有保障。

管控措施将疫情控制在平稳状态，稳步推进复工复产，经济稳步增长，为“十四五”规划的实施奠定了坚实的物质基础，为经济社会的可持续发展提供了强有力的物质保障。在全球防控疫情的形势下，中国成为全球最重要的稳定器，成为全球经济增长的重要引擎。

但随着中国人均GDP突破10000美元大关，经济保持高速增长就会变得越发困难。要想使经济实现持续稳定的增长，必须提高经济发展质量。2015年开始推行的供给侧结构性改革也是为了解决这一问题，通过去产能、去库存、去杠杆、降成本、补短板，降低高污染产品的产能，减少房地产以及其他产品的库存，降低企业与社会的金融杠杆，化解系统性金融风险，降低企业的运营成本，提高企业创造财富的能力，为消费者提供更多优质的产品与服务，满足他们不断升级的消费需求。

2015年召开的政治局会议提出供给侧改革。这一政策直接主导了过去五年我国的经济金融与政策走向，影响深远。中央政治局会议提出的需求侧改革，或将成为未来五年我国政策层面的主要工作方向，主导未来五年的经济金融与政策走向，因此获得了社会各界的广泛关注。

过去五年，以供给侧改革为主线，中国经济不仅实现了持续稳定的增长，而且产业结构得到了极大改善。城乡人均收入差距不断缩小，而且成功规避了系统性的债务风险与金融风险。然而，供给侧改革面向的只是商品市场供需关系中“供”的这一层面，“需”的调整只在补短板中有所涉及。随着消费对经济增长的拉动作用越发明显，如何提高消费能力，实现需求牵引供给、供给创造需求的更高水平的动态平衡，提高经济运行质量与效率，是我国未来五年，乃至更长时间的重要议题。

相较于供给侧改革来说，需求侧改革更加复杂。供给侧改革基本上是通过政策手段强制推动的，但需求侧改革很难直接通过强制性政策推动。即便政策有用，所能发挥的作用也有限。无论致力于推动人民币国际化的外贸需求改革，还是旨在提升消费能力的消费需求改革，都无法在短期内显现出较好的效果。由此可见，需求侧改革难度更大，很难一蹴而就，后续出台的政策可能会比较宏观或者中观。

如果产能过剩、技术落后，只要去产能、进行技术改革就能解决问题。但如果是需求得不到满足，这一问题是无法通过单一的政策得到解决的。因为需求得不到满足的原因非常复杂，可能是居民收入水平较低，或者居民收入水平不低但缺乏消费意愿，或者居民收入水平较低且缺乏消费意愿。因此，需求侧改革首先要做出科学的判断，然后才能制定解决方案。如果是居民收入水平过低导致消费疲软，政府就要提供更多就业岗位，提高居民的收入水平；如果是消费意愿不足导致消费疲软，政府就要对这一问题进行深入分析，找到原因，制定有针对性的解决方案。

总而言之，需求侧改革与供给侧改革是市场经济深化改革的两个方面，处于同等重要的地位，必须同时考虑，以免经济发展出现结构性偏差。

需求侧改革与国内大循环

有业内人士认为，扩大内需的重心将从投资驱动转向消费驱动。2021年，我国政府将在扩大传统消费、促进新兴消费、发展公共消费等方面出台更多政策，在新基建项目上增加更多有效投资。

需求侧改革强调的是“形成需求牵引供给、供给创造需求的更高水平的动态平衡”，这一点与双循环不谋而合，而且政府提出需求侧改革的初衷也与构建双循环新发展格局的初衷一脉相承，即将消费升级与产业升级并重，在供需两侧同步实现经济发展规模的扩张、结构的优化与质量的提升。

2020年，受新冠肺炎疫情影响，人们存钱应对风险的意识空前提升，消费动力明显不足，导致因需求不足诱发的供需矛盾比较突出。在需求侧改革理念的指导下，2021年，我国政府会进一步扩大内需，调整供给与需求之间的关系，实现供需的动态平衡。为此，财政政策与货币政策要形成合力，在扩大内需方面更好地发挥作用。

虽然在疫情得到控制后，我国政府积极推动复工复产，鼓励民众消费，但社会消费品零售总额的增长依然没有恢复到2019年的水平。因此，2021年，我国政府将出台更多政策扩大传统消费、促进新兴消费、发展公共消费，进一步挖掘农村市场，释放县域经济的活力。

事实上，在中央政治局会议召开之前，已经有多个重要会议提到了扩大需求。例如，2020年3月27日召开的中央政治局会议明确提出要扩大内需；7月30日召开的政治局会议提出要持续扩大国内需求、扩大最终需求、积极扩大有效投资等；10月26日召开的中共十九届五中全会提出“坚持扩大内需这个战略基点，加快培育完整内需体系，把实施扩大内需战略同深化供给侧结构性改革有机结合起来，以创新驱动、高质量供给引领和创造新需求”；等等。部分相关文章、会议及内容要点见表8–1。

表8–1　需求侧改革是双循环大战略下的重要布局

时间	文章/会议	内容要点
2020年5月	全国政协联组会	将满足国内需求作为发展的出发点和落脚点，逐步形成以国内大循环为主体、国内国际双循环相互促进的发展格局
2020年7月	企业家座谈会	集中力量做好自己的事，充分发挥国内超大规模市场的优势，逐步形成以国内大循环为主体、国内国际双循环相互促进的发展格局，提升产业链供应链现代化水平，大力推动科技创新，加快关键核心技术攻关，打造未来发展新优势
2020年7月	中共中央政治局会议	我们遇到的很多问题都是长期的，必须从持久战的角度加以认识，加快形成以国内大循环为主体、国内国际双循环相互促进的新发展格局
2020年11月	刘鹤《加快构建以国内大循环为主体、国内国际双循环相互促进的新发展格局》	在坚持以供给侧结构性改革为主线的过程中，要高度重视“需求侧管理”，坚持扩大内需这个战略基点，始终将实施扩大内需战略同深化供给侧结构性改革有机结合起来
2020年12月	中共中央政治局会议	要扭住供给侧结构性改革这条主线，同时注重需求侧改革，打通堵点，补齐短板，贯通生产、分配、流通、消费各环节，形成需求牵引供给、供给创造需求的更高水平动态平衡，提升国民经济体系整体效能

对于消费意愿不足导致的消费疲软，消费需求得不到满足，有观点认为中国居民的整体存款水平较高，消费意愿较低，是收入分配不均导

致的。富有人群的存款占比极大，但他们的边际消费倾向不足，而大多数低收入群体，他们的消费意愿非常强烈，但消费能力不足。想要解决这一问题，政府要推行“二次”甚至“三次”分配制度，提高中低收入群体的收入水平，降低富有人群的收入水平。

近年来，虽然城乡收入差距不断缩小，但导致城乡差距过大的问题没有得到根本解决。同时，如何缩小同一地位、同一群体的收入差距也是一大难题。解决这个问题的关键在于公共社会服务均等化。例如，政府可以提高医疗、养老等服务的覆盖范围，延长义务教育的年限，提高义务教育的质量，让低收入群体享受到质量更高的公共福利，进而提升其整体消费能力。

需求侧改革的内涵可以从两个方面进行考虑，一是直接需求，二是间接需求。其中，直接需求永远是商品市场和国民经济持续增长的关键，只有就业水平与就业质量不断提升，国民收入水平才能不断提升。但需要注意的是，要想推动国民经济不断增长，提高居民的整体收入水平，必须不断完善收入分配制度，增加弱势群体的收入，不断壮大中等收入群体的规模，从而提高社会整体消费意愿，形成“供给—消费—再供给—再消费”的动态循环。

综上所述，需求侧改革立足于人民需求，优化需求结构，将重点放在扩大消费、调整出口策略、拉动新基建投资等方面，将消费的基础性作用与投资的关键性作用充分发挥出来，打通生产、分配、流通、消费等环节，以消费为核心驱动力，促使国民经济的整体效能得以切实提升。

在双循环的政策背景下，需求侧改革是构建国内经济大循环格局的内在要求。只有扩大内需，发挥消费的基础性作用，才能建立完整的内需体系，形成以国内大循环为主体、国内国际双循环相互促进的新发展格局。

随着中国经济发展进入新阶段，消费对经济发展的带动作用逐渐增强，消费规模扩大、消费结构升级的趋势越发明显，消费水平与质量也得到了极大提升。近年来，虽然新型消费呈现出良好的发展态势，但在扩大发展的过程中仍面临了很多问题，需要通过改革加以解决。另外，需求侧改革还能为居民消费能力不足、消费环境不完善等问题提供有效的解决方案。

需求侧改革背后的战略意义

中国共产党第十九届中央委员会第五次全体会议审议通过的《中共中央关于制定国民经济和社会发展第十四个五年规划和二〇三五年远景目标的建议》，为我国全面建设社会主义现代化国家提供了短期与长期指导。党中央立足于对我国经济社会发展面临的机遇与挑战的科学判断，在供给侧改革的基础上提出了需求侧改革，意义重大。具体来看，需求侧改革的意义如下。

◆需求侧改革与供给侧改革是一面镜子的正反两面

供给侧改革的主要目的是减少无效生产或者低效生产，提高资源的利用率，增加有效供给，规避系统性风险。需求侧改革的主要目的是提高居民的消费能力与消费意愿，以消费促进生产，拉动经济增长。解决有效需求需要创造就业，提高就业率，增加居民收入，缩小收入差距。其中，缩小收入差距还需要进行系统性改革，包括进行社会政策改革，让教育、医疗、养老等实现均等化；推进制度型改革，助力财税、城乡融合、户籍、区域、乡村振兴等经济社会发展。从某个方面来讲，需求侧改革是我国全面深化改革的关键，只有紧抓这一点，才能让长期的政策改革找准方向，使改革效率不断提升。

需求侧改革与供给侧改革并非取代关系，而是具有一定的衔接性，需要协同并进。供给侧改革旨在提升供给质量，需求侧改革旨在明确供给侧改革的方向。随着供给质量不断提升，供给结构必然会不断调整，低质量的供给规模必然会不断缩小，以匹配不断升级的消费需求。具体策略如下：

（1）通过城镇老旧小区改造等提高住房消费力度。

（2）充分利用地下空间建造公共停车场，鼓励家电与汽车置换等，通过这些方式促进多业态消费，推动传统消费不断升级。

（3）通过鼓励新型消费、互联网消费等方式，加快推进新型基础设施建设。

（4）通过国家区域经济战略推进传统消费、社区生活消费以及旅游消费不断升级，例如鼓励居民开展跨省旅游，进行养老健康消费、信息消费等。

◆需求侧改革是构建“双循环”新发展格局的重要内涵

近几年，世界经济下行趋势明显，部分国家单边主义、贸易保护主义抬头，对我国的对外贸易、跨境投资、国际技术合作等造成了严重冲击。为了打破这一困境，我国提出构建双循环新发展格局，以国内大循环为主体，实现国内国际双循环。鼓励企业加强自主创新，摆脱外企的技术封锁；建立更强大的国内市场，从而更好地应对外部经济风险。在这个“牵一发而动全身”的时代，一个好的政策能够推动整体改革顺利进行。对于我国来说，需求侧改革就是这“一发”，它既是改革的重点，也是改革的牵引点。稳步推进需求侧改革，不仅有利于形成双循环新发展格局，而且可以推动我国经济稳定发展，游刃有余地应对各种外部风险与挑战。

◆需求侧改革充分体现了“以民为本，立国为民”的初衷与理念

只有让居民实现安居乐业，不断提高居民的收入水平，才能实现有效需求。回顾全球过去70多年的发展历程，有100多个国家达到甚至超出我国现在的人均GDP水平，但只有13个国家成功跨越了“中等收入陷阱”，而且这些国家的人口总和不足我国人口的1/4。也就是说，从全

球角度来看，经济发展一直处在“富有”与“落后”两个异质性极强的状态中。我国想要实现稳定可持续发展，实现中华民族的伟大复兴，必须积极推进需求侧改革，立足于需求侧改革探寻发展路径。

需求侧改革需要注意的问题

在中央政治局会议提出需求侧改革之后，有些人认为未来的经济发展风向要变，其实不然。为了推动我国经济实现高质量发展，中央明确提出要坚持系统论的思维，形成以国内大循环为主体、国内国际双循环相互促进的新发展格局。因此，即便中央政治局会议明确提出要推进需求侧改革，也不会忽略供给侧改革，而是会双线作战，推动我国经济发展迈入高质量发展阶段。

◆坚持以供给侧改革为主线

推进需求侧改革并不意味着否定供给侧改革，所以人们关于“风向变了”的认识是错误的。目前和今后一段时期，我国经济发展面临的主要矛盾仍然在供给侧，因此要“扭住供给侧改革主线”。同时，积极推进需求侧改革，以扩大内需为战略基点，将扩大内需与深化供给侧改革相结合，消除制度方面的堵点，让需求得以全面释放，在配套改革中不断优化需求形成与需求释放机制，从而形成需求牵引供给，供给创造需求的局面。

供给侧改革解决的主要是复杂的结构优化取向问题，通过制度供给优化延展到全套供给体系结构优化带来的质量与效率提高问题；需求侧改革解决的主要是总量调节下的运行机制问题。为了对经济发展动力体系形成全面认知，一定要从需求侧推进到供给侧，解决结构优化问题。

◆需求侧改革与很多国家政策一脉相承

需求侧改革不是推翻重来，从发展逻辑与发展方向来看，需求侧改革与供给侧改革、双循环新发展格局一脉相承。供给侧改革强调“三去一降一补”，旨在提高供给质量，满足消费需求，简单来说就是提高供给结构与需求结构的适配性。从某种程度上说，如果没有过去五年“轰轰烈烈”的供给侧改革，也不会有主导未来五年经济发展的需求侧改革。供给侧改革与需求侧改革存在一定的内在联系，两者一脉相承。

双循环新发展格局遵循的也是打通堵点，补齐短板，贯穿生产、分配、流通、消费等环节的发展路径。从政策层面来看，为了形成国内大循环，推进需求侧改革，各项政策应涵盖以下要点。

（1）打破行业垄断，例如正在大力推进的互联网反垄断，以及通过国家区域经济战略推进的反地方垄断等。

（2）打破限制生产要素进行市场化配置，以及阻碍商品服务流通的体制机制障碍，降低全社会交易成本。

（3）完善扩大内需的政策体系，即以2020年10月14日发布的《近期扩内需促消费的工作方案》(发改综合〔2020〕1565号)为基础，继续出台有利于扩大内需的政策文件。

◆需求侧改革是否对应着宽松的政策环境

供给侧改革实施的背景环境为紧缩的政策环境，需求侧改革则应该对应宽松的政策环境。如果继续维持紧缩的政策环境，需求不仅得不到有效释放，还有可能进一步萎缩，导致供需两端螺旋式收缩。所以，从理论层面来看，为了积极推进需求侧改革，国家应该制定宽松的财政货币政策，以刺激投资、鼓励消费。

但从目前的情况看，这种推论并不合理。因为目前我国正处在降杠杆、防风险、修复经济阶段，政策收紧才是当务之急。如果为了推进需求侧改革实施宽松的货币政策，其本质仍是通过债务拉动经济增长，与传统的需求侧管理并没有明显区别。因此，未来两年，我国不太可能通过实施宽松的货币政策来推进需求侧改革，但考虑到需求侧改革的需要，此轮政策收紧力度不会太大，持续时间也不会太久。同时，对于特定领域的服务消费与新型消费等，国家也会出台一些必要的强制性政策。

◆需求侧改革的关键是打通堵点

减少民众的预防性储蓄，必须建设更完善的社会服务与保障体系，帮助居民解决养老、住房、子女教育等方面的问题。只有消除居民消费的后顾之忧，将养老、医疗等社会保障的正面效应充分发挥出来，才能增加居民的消费开支，让居民敢花钱、敢消费。

除此之外，在投资领域，很多投资机构、投资者都在为找不到优秀的投资项目而烦忧，但事实上，中国城乡地区有价值的投资项目比比皆是，关键在于如何做好通盘规划，并做好投资体制机制创新。从全国城乡基础设施建设到“两新一重”[①]，再到各地区的通盘规划，都是消除堵点需要重点考虑的内容。在投资机制创新方面，为了让政府有限的资金投入发挥出最大的效果，可以选择使用公共私营合作制（Public Private Partnership，PPP）模式，升级项目建设机制与绩效。

在进出口方面，可以根据具体情况调整进出口国家，在必要的情况下还可以出口转内销。需要注意的是，供给对需求的响应是一个非常复杂的问题，因此关于需求侧改革的讨论不能局限于需求侧，应该扩大到供给侧。也就是说，想要深入了解需求侧改革，必须坚持系统意识，摈弃一直以来坚持的“突破口”思维，将各种概念、问题综合起来进行分析，抓住重点，统筹兼顾，将供给与需求结合在一起，对双循环新发展格局的形成产生积极的推动作用。

---

①“两新”是指新型基础设施建设，新型城镇化建设。“一重”是指交通、水利等重大工程建设。

第九章

双循环背景下的需求侧改革路径

需求侧改革面临的主要问题

需求侧改革要围绕扩大内需进行，逐步释放国内居民的消费能力，形成强大的国内市场。但因为外部环境不稳定，需求侧改革面临着不少问题，具体表现在以下几个方面。

首先，不利需求仍然存在。这里所说的不利需求指的是对我国经济发展帮助不大的需求，涵盖了政府与个人两个层面。在政府层面，一些地方政府贸然推出一些“形象工程”，例如“天下第一水司楼”，耗资共2亿元，中途被叫停，之前的投资白白浪费。在个人层面，一些消费者不考虑自身的实际收入情况，借贷消费、提前消费、过度消费，背负上了沉重的债务。一旦他们的既有收入出现问题，就无力偿还贷款，不仅给自己的正常生活造成影响，还给金融行业带来了一定的隐患。虽然政府鼓励消费，但绝不鼓励超出个人消费能力的消费。如果任由这些不利需求继续发展，必将对需求侧改革造成不良影响。

其次，供需矛盾依然存在，如何实现供给与需求高水平的动态平衡依然是当前的重点问题。供给与需求相辅相成、相互驱动，如果有效供给不足，必将导致需求不足。这里的有效供给指的是社会提供的商品可以满足消费者的需求，与消费者的购买力相适应，可以实现供需平衡。目前，市场上的商品虽然多，但同质化问题比较严重，消费者的选择依然不多，需求得不到有效满足，于是他们将目光转向国外，导致居民的消费能力严重外流。例如国内的消费者热衷于购买日本的电器产品，韩国的美妆产品、护肤品等。居民的消费能力外流对扩大国内需求非常不利。为了解决这一问题，我国必须增加有效供给，实现供需平衡，甚至让供给创造需求。

再次，在疫情防控期间，一些业内人士认为“疫情结束后，居民会产生报复性消费”。实际情况却是，随着国内疫情得到有效控制，居民的消费意愿不增反减。那些热衷于提前消费、过度消费、盲目消费的消费者都认识到了存储的重要性，消费逐渐趋于理性。需求侧改革想要鼓励消费、扩大内需，关键要提振这部分消费者的消费信心，消除他们的后顾之忧，让他们能消费、敢消费。在当前的防疫形势下，政府想要做到这一点面临着较大的困难。

最后，自改革开放以来，出口、投资就在拉动经济增长方面发挥着巨大的作用，相比较而言，消费对经济的拉动作用比较小。据统计，我国居民消费在GDP中的占比不足40%，比全球平均水平低了20%。如果深入分析就会发现，导致我国居民消费动力不足的原因比较复杂。一方面，相关数据显示，截至2020年底，国内整体存款超过218万亿元，国民总储蓄率达到了45%，位居世界第一；另一方面，随着住房、医疗、养老等压力不断增加，居民的消费意愿持续减弱。因此，对于我国来说，如何对出口、投资、消费的比例进行调整，提高消费在GDP中的占比，是需求侧改革面临的另一个重要问题。

需求侧改革的三大主攻方向

2015年12月的政治局会议在提出供给侧改革的同时，也对需求侧调整提出了一系列要求。2015—2016年的年终政治局会议和中央经济工作会议提出要适度扩大总需求，将需求侧调整放到了供给侧改革的从属地位；2018年和2019年的中央经济工作会议分别提出“稳定总需求”和“释放国内市场需求潜力”，在一定程度上反映了需求侧压力越来越大的现实。

相较于之前不温不火的态度，2020年的年终政治局会议明确提出需求侧改革。参照之前的供给侧改革，接下来，中央经济工作会议可能会对需求侧改革做出更详尽的描述，2021年乃至“十四五”后续几年都将聚焦需求侧改革。那么，需求侧改革的主要方向究竟是什么呢?

◆外贸需求：畅通外循环，多边体系平滑波动，推动人民币国际化

前文提到，在内外各种因素的干扰下，外需波动较大，对我国经济增速的影响在-1.2%~1.5%。在这种情况下，外需改革成为重中之重。从目前的发展方向来看，外需改革的重点应该放在通过多边体系的平滑波动、畅通内循环达到推动人民币国际化的目的。具体分析如下。

（1）通过推动多边贸易体系来稳定外需。2020年11月15日签署区域全面经济伙伴关系协定（Regional Comprehensive Economic Partnership，RCEP），11月20日在亚太经济合作组织（Asia-Pacific Economic Cooperation，APEC）第27次领导人非正式会议上宣布“中方将积极考虑加入全面与进步跨太平洋伙伴关系协定（Comprehensive and Progressive Agreement for Trans-Pacific Partnership，CPTPP）”，都是完善多边贸易体系的重要决策。对于我国来说，构建多边贸易体系不仅可以稳定我国的外贸环境，弥补传统内需的不足，还可以减弱我国对美国、欧盟国家等西方发达国家的依赖，形成更全面、更多元化的开放格局。

（2）通过加强进口等方式推动人民币国际化。事实上，如果对国际主要货币的发展历史进行研究就会发现，某国货币的国际化流通必然遵循如下路径：从跨境贸易计价结算货币发展为储备货币，再发展为锚货

币。也就是说，人民币国际化必然要以人民币贸易的跨境结算为起点，实现这一点的关键在于增加进口。

◆投资需求：重在有效投资，拓宽投资空间

在拉动经济的“三驾马车”中，投资需求发挥着重要作用。近期的政策导向强调“有效投资”，意味着未来的投资需求改革会从纯债务推动的粗放式投资转向“两新一重”，即新型基础设施建设，新型城镇化建设和交通、水利等重大工程建设。

需要注意的是，虽然政策强调“两新一重”，但并不意味着投资需求会减少。事实上，现阶段，我国的投资需求依然拥有较大潜力。未来五年，有效投资的重点仍然是为国家区域经济战略服务，而且会在政府的作用下激活民间投资的活力。投资空间的拓展可以从以下几个方面切入：

（1）积极推进制造业的技术改造、设备更新，加大在战略性新兴产业、未来产业等领域的布局，提高科技创新的预见性，致力于成为全球前沿科技的开拓者。

（2）积极推进人工智能、工业互联网、物联网等新型基础设施建设。政府要鼓励5G网络、人工智能、工业互联网、物联网、数据中心等建设，打造智慧城市、智慧物流、智慧医疗等应用试点，在铁路、公路、机场、港口等领域引入智能化技术，实现推动智能化改造与升级。同时，要做好城市群与都市圈内现代交通、信息、电力、管道等的规划建设，在中西部地区营造畅通的交通环境，让各类资源实现无障碍的跨

区域流动。

（3）加大在“两新一重”等重大工程与项目建设领域的投资力度，补齐基础设施、市政工程、农业农村、公共安全、生态环保、公共卫生、物资储备、防灾减灾、民生保障等领域的短板。其中，重大工程主要包括川藏铁路、西部陆海新通道、国家水网、雅鲁藏布江下游水电开发、星际探测、北斗产业化等；重大项目主要包括推进重大科研设施、重大生态系统保护修复、公共卫生应急保障、重大引调水、防洪减灾、送电输气、沿边沿江沿海交通等。

◆消费需求：侧重于推动消费升级以及增强消费能力

如果说投资需求在拉动经济发展方面发挥的是关键性作用，那么消费需求发挥的就是基础性作用。通过需求侧改革，消费需求的基础性作用会不断增强。具体来看，需求侧改革的发力点大致如下。

（1）升级传统消费，培育新型消费，适当增加公共消费。具体来说就是通过增加居民在教育、育幼、养老、医疗、文化、旅游、体育、信息、住房、绿色等服务消费与新型消费领域的开支来优化消费结构，推进线上消费与线下消费相融合。

（2）积极推进新型城镇化战略，拓展城乡消费市场，培育国际消费中心城市，降低消费领域的市场准入门槛。同时，国家要不断完善节假日，落实带薪休假制度，大力拓展节假日消费市场，为居民提供更多消费机会。

（3）释放消费需求的关键在于提高居民的消费能力。目前，为了提高居民的消费能力，国家出台了一系列政策，例如推进资本市场改革、优化消费环境、强化社会保障、个人所得税专项附加扣除等。

需求牵引供给、供给创造需求

根据国家统计局公布的数据，2020年前三个季度，全国人均可支配收入23781元，虽然增速转负为正，但实际收入水平、消费水平并不高。在这样的条件下，我国能打造一个怎样的国内市场？如何促进产业转型，企业发展？能形成怎样的发展格局？这些问题都非常值得研究。

2020年5月召开的中共中央政治局常委会会议提出，要形成以内需为导向的双循环新发展格局。为了做到这一点，我国一方面要考虑当前收入水平与消费结构下的需求增长问题，另一方面要利用大数据对当前的供需匹配情况进行分析，真正实现需求拉动供给，供给创造需求。

双循环新发展格局倡导形成以国内大循环为主体，国内国际双循环相互促进的新发展格局。一般来说，一个完整的经济循环通常要涵盖生产、分配、流通、消费四个环节，其中，分配涉及居民的收入水平与消费能力，流通是将生产与消费连接在一起的关键，而这个经济循环的起点是供给，终点则是需求。从这个层面来讲，供给侧改革与需求侧改革的发力点有很大区别，其中，供给侧改革的着力点在于优化产业结构，实现供需精准匹配；需求侧改革的着力点在于解决居民的收入分配问题，对需求总量与需求结构进行优化调整，引导居民消费形成需求与供给互动机制。具体来看，需求侧改革要从以下三个方面着手。

◆对收入分配制度与体系进行深化改革

既要注重对初次分配体系进行改革，又要对再次分配机制进行创新，更要对住宅制度、社会保障、医疗保障、教育体系等进行综合改革，充分释放居民的消费能力。但要做到这一点并非易事，收入分配制度与体系的改革非常复杂，需要做好顶层设计，持续不断地努力。

增加收入是扩大消费的基础，要想提高中低收入群体的收入水平，必须做好以下几点：

（1）对积累与消费之间的关系进行优化调整，增加工资收入、劳动收入在居民收入中的占比，鼓励居民扩大消费，提高消费支出的占比。

（2）建立健全收入分配制度，解决不同分配对象分配严重失衡问题，缩小不同行业、不同地域、不同层级员工的收入差距，出台相关政策，对垄断行业员工的收入分配与福利待遇进行优化调整，规范国有企业的分配行为，推行企业经理人制度，提高普通员工的收入，缩小管理者与普通员工的收入差距。

（3）建立健全与收入分配有关的法律法规，完善生产要素市场，完善各项分配制度，包括土地收益、企业家收益、资本收益、垄断行业收益等，依法保护居民的合法收入，取缔非法收入，整顿不合理收入，调节过高收入，保证初次分配的公平性。

（4）推动个人所得税制度不断完善，适当提高个人所得税起征标准，减轻中低收入群体的税负，同时处理好效率与公平之间的关系，注重分配的公平性，找到制约消费需求增长的根源性问题，制定有效的解决措施。

◆通过持续推进供给侧改革增加内需总量

通过调整内需结构，我国既有的产业体系生产出优质的新型消费品与服务。通过全国统一的市场和有效的流通渠道，生产商以更加便捷的方式将商品提供给消费者。为此，一方面我国要统一市场，保证市场处于公平竞争状态，持续推进反垄断策略；另一方面我国要创建高效率多层次的、线上线下相互融合的新型流通体系，包括城乡流通网络、社区流通网络、国内外协同的流通网络等，使物流体系与供应链管理全面融合，将供给与消费串联在一起，不断增加消费总量。

◆让消费者接受新的消费方式、消费产品与新型服务

为此，我国要主动培养消费者的新型消费理念与消费习惯，全面扩大内需，畅通双循环。从产业发展新格局的形成来看，就是要培养居民新的生活方式与消费方式。我国地域辽阔，不同地区的居民在衣食住

行、教育、医疗等产品的消费方面存在较大差异，有些地区的居民消费没有达到绿色健康的标准。面对这种情况，转变居民的消费理念与消费观念十分重要。只有做到这一点，才能改变我国整体的消费结构，培养新的消费增量。

需求侧：释放国内市场消费潜力

需求侧改革是双循环战略下一项重要的政策部署，旨在发挥国内超大规模市场的优势，实现更高水平的供需动态平衡。

其实，扩内需并不是一个新提法。在过去几十年的发展过程中，我国一直强调扩大内需，释放国内市场的消费潜力。但扩内需的重点主要集中在基建与房地产两个行业，属于典型的负债驱动型增长。过去，因为杠杆较低、债务负担不重，所以负债驱动型增长模式在扩内需方面有极好的表现，但随着杠杆不断抬升，债务负担持续加重，对个体的经济行为造成了较大的制约，这一模式在扩大内需方面的作用逐渐减弱。

需求侧改革就是要改变这种现象，从需求端“牵引”、供给端“创造”两个维度扩大居民消费需求，推动扩内需从投资驱动向消费驱动转变。近年来，随着出口、投资对经济发展的拉动作用不断减弱，国家开始强调消费对经济的拉动作用。结合相关政策来看，需求侧改革就是要通过建立完善的分配制度、改善消费环境、加大财税金融支持、鼓励重点商品消费等方式刺激居民消费，同时多管齐下、多措并举，增加消费供给、创新消费模式、加强配套基础设施建设，实现供给创造消费。

首先，政府要完善分配制度，增加居民的可支配收入，鼓励消费。只有提高居民的收入水平，才能增强消费动能。为此，政府要持续推进精准脱贫与乡村振兴战略，提高低收入人群的收入水平；持续推进社保制度改革，扩大社保覆盖范围；规范资本市场的发展，鼓励上市公司提高分红比例，增加居民的财政性收入；推动个税改革，降低税负，减轻居民的支出压力；加强对房地产市场的管控，稳定房价，减轻居民的购房压力，鼓励居民加大在其他领域的支出。

其次，在传统消费领域，政府要全面推进制度改革，改善消费环境，政府政策要从全面刺激向结构性支持转变。在促消费领域，最常用的方式有两种，一种是大规模财政补贴，另一种是减税，降低税负。例如，2009年，我国推出全国性的车购税减半政策，使汽车销量增长速度一度超过100%。2018年以来，政府针对汽车、家电等商品调整政策，由地方政府自行安排补贴，全国性补贴只适用于新能源汽车等新兴产业，以期借此促进新能源汽车等行业的发展。同时，政策也更加注重制度改革与消费环境优化，例如放宽汽车限迁和限购条件，推进养护与租赁等汽车后市场发展等。2018年以来我国促消费举措的转变见表9-1。

表 9-1　2018 年以来我国促消费举措的转变

时间	文件/会议	内容要点
2018年9月	《中共中央　国务院关于完善促进消费体制机制进一步激发居民消费潜力的若干意见》	实施鼓励和引导居民消费的政策，从供需两端发力，积极培育重点领域消费细分市场，全面营造良好的消费环境，不断提高居民消费能力
2018年9月	《完善促进消费体制机制实施方案（2018—2020年）》	进一步放宽旅游、文化、体育、健康、养老、家政、教育培训等服务消费领域市场准入，大力发展住房租赁市场，促进汽车消费优化升级，发展壮大绿色消费
2019年1月	优化市场供给促进居民消费电视电话会议	着力扩大消费规模，因地制宜促进汽车、家电消费，有条件的地方要加大政策支持力度，满足人民群众对绿色智能新型汽车和家电的消费需求，推动农村消费提质扩容，支持优质工业品下乡
2019年6月	《推动重点消费品更新升级　畅通资源循环利用实施方案（2019—2020年）》	聚焦汽车、家电、消费电子产品领域，进一步巩固产业升级势头，增强市场消费活力，提升消费支撑能力，畅通资源循环利用，促进形成强大国内市场，实现产业高质量发展
2019年8月	完善促进消费体制机制部级联席会议第一次会议	破除制约消费扩容提质的体制机制障碍，大力提高产品和服务的供给质量，以健全质量标准和信用体系为工作重点，努力营造安全放心诚信的消费环境，从需求端精准施策进一步释放内需潜力，多用改革办法扩大消费
2020年3月	《关于促进消费扩容提质加快形成强大国内市场的实施意见》	顺应居民消费升级趋势，加快完善促进消费体制机制，进一步改善消费环境，发挥消费基础性作用，助力形成强大国内市场
2020年10月	《近期扩内需促消费的工作方案》	实施促进实物消费政策，畅通供需更高水平良性循环，开展“大家电安全使用年限提醒”活动，在秋冬季推出全国家庭应急物资储备建议清单

最后，在供给端创造需求，通过科技创新与业态创新扩大新兴消费供给，包括智能化消费、绿色消费等，推动消费模式与消费场景创新发展。2020年春节以来，政策开始鼓励新型消费，提出构建“智能+”消费生态体系，包括丰富5G+、超高清视频、增强现实/虚拟现实等新技

术的应用场景，鼓励5G手机等智能终端消费，发展“互联网+社会服务”的消费模式，包括远程医疗、在线教育、智慧养老等。此外，如果监管得当，平台经济、线上经济等也可以成为新的消费增长点。

2020年初以来，为促进“新型消费”，国家出台的政策见表9-2。

表 9-2　2020 年初以来，国家为促进“新型消费”出台的各项政策

日期	文件/会议	政策要点
2月3日	中央政治局常委会会议	着力稳定居民消费，积极丰富5G技术应用场景，带动5G手机等终端消费，推动增加电子商务、电子政务、网络教育、网络娱乐等方面的消费
2月24日	《关于有序推动工业通信业企业复工复产的指导意见》	大力促进市场消费提质扩容，支持新业态新模式，丰富5G+、超高清视频、增强现实/虚拟现实等应用场景，推动发展远程医疗、在线教育、数字科普、在线办公、协同作业、服务机器人等，带动智能终端消费
3月4日	中央政治局常委会会议	把被抑制、被冻结的消费释放出来，把在疫情防控中催生的新型消费、升级消费培育壮大起来，使实物消费与服务消费得到回补
3月13日	《关于促进消费扩容提质加快形成强大国内市场的实施意见》	加快构建“智能+”消费生态体系，加快新一代信息基础设施建设，鼓励线上线下融合等新消费模式发展，鼓励使用绿色智能产品，大力发展“互联网+社会服务”消费模式
5月13日	发改委主任何立峰署名文章	坚定实施扩大内需战略，积极稳定居民传统大宗消费，适当增加公共消费，大力培育新兴消费增长点
10月29日	《近期扩内需促消费的工作方案》	推动线下服务消费加速“触网”，充分释放线上经济潜力，完善“互联网+”医保支付政策，拓展互联网教育服务产品类型，推动物业服务线上线下融合发展等
11月25日	国务院副总理刘鹤署名文章	要加快培育完整内需体系，完善扩大内需的政策支撑体系，增强消费对经济发展的基础性作用，全面促进消费，提升传统消费，培育新型消费

供给侧：推动居民消费结构升级

在供给端建设方面，包括农村基建、新型基建、绿色基建等在内的配套基础设施建设是一项重要内容。在农村消费潜力亟待挖掘、消费不断下沉的背景下，政府政策可能会倾向于加强城乡消费基础设施建设。多个政府文件提出，要完善农村物流配送网络，加快农村物流体系建设，包括农村电商物流、冷链物流等。近年来，财政部门持续加大在农村基础设施建设领域的投入，2019年的投资规模达到了2015年的4.4倍。除此之外，5G等新型基础设施建设、充电桩等绿色基建也是政策支持方向，其中前者可以引领新一代信息技术消费，而后者可以助推新能源汽车消费。

根据发达国家的发展经验，经济发展所处的阶段不同，驱动经济增长的动力也不同。在经济发展水平较低、增长速度较快的追赶阶段，投资是驱动经济增长的主要动力。随着经济发展水平不断提升，消费会逐渐取代投资成为经济增长的主要动力。由此可见，对于我国来说，从投资驱动转向消费驱动是顺应经济发展规律的必然选择。从2011年开始，中国经济增长的核心动力逐步显现，但与发达国家相比仍存在较大差距。近年来，随着全球供应链收缩、重构，外需对经济增长的拉动作用逐渐减弱，通过“需求侧改革”激发内需的活力恰逢其时。

从发达国家的发展经验来看，人均GDP超过5000美元时，消费需求会呈现出个性化、差异化的特点，消费升级需求会比较明显；在人均GDP达到1万美元左右的时候，消费升级趋势会比较明显。在这一阶段，居民对服务消费的需求会不断增长，实物消费会从追求“量”向追求“质”转变。2011年，我国人均GDP超过5000美元，居民消费开始向品质消费升级；2019年，我国人均GDP突破1万美元，消费升级趋势越发明显。

对于我国来说，全方位消费升级是必然趋势。这种消费升级不仅包括实物消费，还包括服务消费，其中，服务消费的升级空间更大。近年来，我国文教娱乐、医疗保健等更高层次的服务型消费需求占比明显抬升。2019年，在中国居民的消费支出中，服务消费占比首次超过50%，达到了50.2%。即便如此，与发达国家仍存在较大差距，例如日本、韩国的服务消费在居民消费总支出中的占比大约为60%，美国的服务消费在居民消费总支出中的占比大约为70%。根据日本、韩国、美国等发达国家的发展经验，医疗、文化娱乐等服务类消费需求的上升趋势会更加明显。

随着实物消费不断升级，中高端商品的消费占比必然会不断提升，这一趋势在必选和可选消费中都有所体现。在必选消费方面，消费升级主要体现为追求高品质与健康生活。例如，在饮食方面，居民会不断加大在水果、水产、乳制品等方面的支出；在乳制品领域，会不断加大在巴氏奶和酸奶等方面的支出。在可选消费方面，消费升级主要体现为对品牌和质量的追求，这一点在家电、汽车等领域表现得非常明显。

低线城市与农村的消费升级有着不同的内涵，在“长尾效应”下，大众消费升级空间广阔。一直以来，我国城市与乡村都保持着二元化发展态势，导致城乡居民处在不同的消费阶段，消费升级逻辑存在明显区别。其中，一二线城市的居民处在品质消费阶段，对高品质商品与服务的消费需求比较旺盛；低线城市与农村地区的居民消费水平偏低，汽车、大家电等保有量较低，消费升级空间较大。近年来，随着农村的社保体系不断完善，基础设施投资持续增加，消费升级趋势必将越发明显。

第十章

打通堵点：推进现代流通体系建设

现代流通体系与双循环战略

2020年中央经济工作会议提出，要形成双循环新发展格局，“要紧紧扭住供给侧结构性改革这条主线，注重需求侧管理，打通堵点，补齐短板，贯通生产、分配、流通、消费各环节，形成需求牵引供给、供给创造需求的更高水平动态平衡，提升国民经济体系整体效能”。根据中央经济工作会议的精神，打通堵点对于形成双循环新发展格局来说至关重要，而打通堵点的关键在于加快构建现代流通体系。

动态平衡指的是打通生产、分配、交换、消费等环节，在现代流通中形成动态平衡。只有当现代流通体系成为国民经济的一种运行方式之后，才能使国民经济的整体效能得以大幅提升。现代流通体系的构建可以从一些关键点切入，以点带面，全力做好基础性保障能力建设。

为什么要将现代流通体系建设放在如此重要的位置？这一问题可以从此次疫情中窥探一二。在国内疫情得到初步控制后，最先实现复工复产的是投资企业，其次是商业，然后是学校，这个顺序反映了各行业受流通制约的程度。如果人无法实现自由流动，就无法将潜在的消费能力释放出来。如果不解决现代流通问题，包括商流、物流、信息流、资本流、人的流通等，就无法形成国民经济大循环，双循环新发展格局的设想也就无法实现。

从我国的实际情况来看，现代流通体系的构建既可以从需求侧发力，也可以从供给侧发力，这是形成双循环新发展格局的重要着力点与突破点。

既然现代流通与过去所讲的流通存在本质区别，那么两者之间也存在不同的内在规律。过去的流通以生产为起点，流通过程从商流开始。现代流通以需求为起点，在需求侧改革的背景下，现代流通要从需求层面切入进行管理。

在现代经济环境中，需求决定供给，催生对供给的内在要求，使供给结构不断改变。无论是“人民群众日益增长的物质文化需求”，还是“人民日益增长的美好生活需要”，都是从需求侧来说的。消费需求的不断升级最终引发了供给侧革命，同时，供给侧改革的持续推进又刺激了需求侧变革。供给侧改革与需求侧改革相互作用，现代流通体系的构建需要从供给侧与需求侧共同发力，从单纯的商品流通转变为多流并进、多流分流交互，让商流、资本流、数据流、信息流、物流等形成独立的流通规律与流通方式，在一个节点上交汇，形成全过程流通。

总而言之，现代流通体系建设是形成双循环新发展格局的关键。只有形成顺畅的现代流通体系，才能构建顺畅的经济循环，让经济实现顺畅发展。

现代流通体系的内涵

过去，人们所说的流通主要是商品流通，中央经济工作会议提出的现代流通则有不同的内涵。具体来看，现代流通体系的内涵可以用五个“全”来概括。

◆全要素

现代流通体系要容纳有形要素禀赋与无形要素禀赋，实现全要素流通。其中，有形要素禀赋主要包括商流、物流、人力资本等；无形要素禀赋主要包括信息流、资本流、知识流、服务流等。随着越来越多的无形要素禀赋进入流通体系，流通的边际效应将无限扩大。无形要素禀赋的进入是让现代流通获得基础性作用的关键。未来，随着数字化基础设施建设不断推进，数据流不断涌入，现代流通体系将获得基础性、先导性、决定性作用。由此可见，现代流通与过去所说的商品流通存在本质区别，属于全要素流通。

◆全过程

现代流通覆盖了生产流通的全过程。马克思在《资本论》中将生产与流通定义为社会再生产的两个阶段。而现代流通在发展过程中，随着海量数据、人工智能、云计算等不断融入，逐渐与生产过程相融合，形成了制造过程就是流通过程，流通过程涵盖生产过程的新格局。

有机构对现代流通做过深入研究，结果证明在全过程的现代流通中，生产环节所占时间大约为10%，剩余环节消耗了大约90%的时间。国际贸易结构的变化也证明了这一点。在现代贸易结构中，中间品大约占据了2/3的份额。因此，从某种程度上来说，全球生产制造过程就是流通过程，生产已经成为流通全过程的一个环节，大部分生产过程已经无法独立开展。

◆全球化

经济全球化已经成为既定事实，无法逆转。在全球供应链、服务链的作用下，制造业、服务业已经形成全球布局。供应链、服务链的链接都具有虚拟性，不存在行政归属关系、产权归属关系乃至国家归属关系，只能依靠现代物流建立链接，在流通过程中形成动态平衡。如果流通过程受阻，生产过程也会受阻。

2020年，受新冠肺炎疫情影响，国内大多数企业停工停产，导致全球很多国家和地区的生产活动受到了影响。在国内疫情得到控制，企业复工复产之后，疫情开始在全球蔓延，现代流通受阻，我国产业链、供应链受到了比较严重的冲击，一些中间品无法进入流通过程，产业链无法正常运行。

◆全生命周期

从本质上看，循环经济就是商品基于全生命周期的流通。过去，社会化大生产进入消费环节之后，就会成为商品价值与使用价值的最终环节。但在现代流通体系中，物品被消耗之后可以转变为新的原材料，进入下一个流通环节，实现再循环。

◆全产业链

全球制造业的产业链、供应链、服务链不是在某一个国家、地区、工厂和生产线上形成的，只要生产过程稍微复杂一些，例如汽车生产、飞机生产、半导体生产等，就必然会实现全球化。例如，福特汽车在全球50多个国家形成了产业链链接，波音飞机在全球70多个国家形成了产业链链接，华为手机以及生产手机所使用的芯片、微传动系统等也都是在全球大流通产业链的基础上生产出来的。在全球产业链形成的过程中，每个环节都非常重要，只有达到同一水平才能实现顺畅流通与链接。

建设现代商贸流通体系的意义

随着商贸经济不断发展，流通体系在推动国民经济发展方面发挥着越来越重要的作用。作为现代流通体系的重要组成部分，现代商贸流通体系成为近年来的投资热点，在满足人民日益增长的美好生活需求、提高经济运行效率、促进经济稳定发展方面发挥着重要作用。进入新发展阶段之后，人们对现代商贸流通体系提出了很多新要求。为了满足这些要求，我国必须立足于扩大内需，统筹推进硬件与软件建设，促使现代商贸流通体系不断完善，为双循环新发展格局的构建提供强有力的支持。

◆商贸流通是国内需求实现的重要领域

在社会再生产过程中，流通与生产是两个同等重要的因素，流通效率、生产效率的提升可以提升国民经济总体运行效率。

根据马克思主义经济学理论，流通指的是产品从生产端流转到消费端所经历的一系列过程，其前提条件是社会分工。很多人容易将流通与交换混淆，其实这两个概念存在本质区别：交换是偶然发生的个别现象，流通是交换的综合，是一个连续的过程。由此可见，流通涵盖了交换、商业、贸易等多个环节，是站在整体高度对这些经济活动的动态考察。作为流通体系的重要组成部分，商贸流通将生产与消费连接在了一起。

作为国民经济的基础性产业，商贸流通行业涌现出技术创新热与投资热两大热点。随着生产力不断发展，社会分工越来越细，垂直细分行业越来越多。电子商务快速发展，商贸流通体系也得到了快速发展，成为满足居民日益增长的消费需求的重要渠道。流通的直接目的就是消费，商贸流通的发展为居民消费提供了广阔的空间，在一定程度上提高了商品交换效率，降低了社会交易成本。

◆新发展格局对商贸流通发展提出新要求

现代流通体系为构建双循环新发展格局奠定了扎实的基础。因此，在双循环新发展格局不断推进的过程中，必须将建设现代流通体系作为一项重要战略。

（1）扩大消费需求。商贸流通是实现消费的重要前提条件，对消费水平、消费结构、消费方式都有着重要影响。想要扩大消费需求，必须创建现代化、高效率、高成本的商贸流通体系，畅通消费渠道，满足居民多元化的需求，充分挖掘消费潜力，引导消费创新，不断强化消费在促进国民经济发展方面的基础性作用。

（2）提高供需适配性。从本质上看，商贸流通的主要功能就是促进商品交换，实现商品或服务的价值或使用价值。只有当消费者支付资金完成购买之后，生产者才能回笼资金开展下一轮生产，社会再生产活动才能循环起来。这就要求现代商贸流通体系具备较强的产业组织能力与市场适应能力，可以灵活地响应市场需求，提高供需双方匹配的精准度，让供需实现动态平衡。

（3）推动产业结构升级。商贸流通可以将产业链上下游连接在一起，将消费者的需求信息传递至上游的生产企业，让生产企业根据消费者需求的变化调整生产，进而推动产业结构升级。现代商贸流通体系想要发挥出对生产的服务、反哺与引导作用，必须与生产活动充分融合，提高投资的准确度与有效性，推动产业结构不断升级。

（4）融合国内国际循环。在经济全球化背景下，原本只限于国内的商贸流通逐渐扩大到了国际。现代商贸流通体系的构建，要以内外贸易深度融合的流通网络为基础，促使国内外的流通主体与客体自由流动，使国内外两个市场的两种资源实现高效配置，促使国内经济与国际经济实现高效联动。

（5）提升抗风险能力。当前，世界正处于百年未有之大变局，政治形势、经济形势急剧变化。在此形势下，我国面临着越来越多长期性、结构性的挑战。现代商贸流通体系的构建需要以国内超大规模的市场为依托，不断提升供应链、产业链的发展水平，促使全球资源实现高效配置，同时有效抑制国内市场波动，保证国民经济安全、平稳地运行。

完善现代商贸流通体系的路径选择

现代商贸流通体系的创建必须牢牢立足于扩大内需，充分发挥需求牵引供给、供给创造需求的作用，促使供给与需求实现动态平衡，对双循环新发展格局的构建产生积极的推动作用。具体要做到以下几点。

◆强化技术赋能和创新引领

传统商贸流通企业要积极引入互联网、大数据、物联网、人工智能等技术，借助这些新兴技术实现转型升级，不断拓展企业业务与功能；建设现代化的供应链，对产业链上下游的资源进行充分整合，积极推进供应链服务平台建设，借助平台整合线下的供求资源，促使产、供、销协同发展；借助现代信息技术，引导电商平台、供应链核心企业利用数据为生产企业赋能，增强生产企业对市场需求的捕捉能力，加快响应速度。

◆提高商品和服务的有效供给水平

首先，迎合居民消费升级趋势，增加商品和服务的供给种类，提高供给质量，扩充供给品牌，建设高质量、高效率的商品与服务流通体系；其次，进一步加强品牌孵化功能，培育一批新国货品牌，提高本土品牌的竞争力；最后，对重要商品进行分类管理，围绕特殊商品建设专门的商贸流通体系。

◆完善城市和农村商贸流通网络

积极引入人工智能、大数据等新技术对城市商贸流通设施进行改造，推动其实现智能化、数字化升级，推动大型商业网点进行多业态融合，对小型商业网点进行改造，满足居民对便捷购物的要求；进一步扩大现代商贸流通体系的覆盖范围，将农村融入其中，持续增加政府财政在公益性流通基础设施建设方面的投入，补齐农村商贸流通基础设施短板，疏通农产品流通渠道，提高农产品流通效率，为乡村振兴提供强有力的支持。

◆推动国内国际商贸流通互促共进

从整体上看，我国鼓励国内的商贸流通体系与国际商贸流通体系对接，畅通国内外的物流通道，不断发展跨境商贸流通业态，推动内外贸易融合发展。

（1）通过发展出口贸易带动国内产业升级，通过国内产业升级促进出口贸易发展，促使进口贸易与国内消费需求实现联动。

（2）不断优化投资环境，吸引国外商贸流通企业前来投资，鼓励国内的商贸流通体系积极拓展国外市场，与国外的商贸流通企业建立良好的合作关系。

（3）促使贸易与投资联动，鼓励商贸流通体系不断延长产业链，积极开拓市场，实现技术升级。

（4）与国际先进规则对接，促使商业、运输、快递、数据、金融等领域对外开放，提高进口贸易的便利化水平，促使国内市场与国际市场实现更好对接。

4

第四部分

需求侧管理：引领中国经济增长新动能

第十一章

需求侧管理：形成强大国内市场

把握需求侧管理的五个特点

做好需求侧管理，关键在于全面把握需求侧管理的特点，主要表现在长期性、全局性、系统性、动态性、开放性五个方面，具体分析如下。

◆长期性

构建双循环新发展格局是与时俱进、提升我国经济发展水平的一项重要战略，需要立足于扩大内需，在很长一段时间内坚持推进需求侧管理。

过去，需求侧管理主要是通过短期政策刺激经济总量，达到快速调节需求总量，保证经济平稳运行的目的。在构建双循环新发展格局的背景下，需求侧管理的长期性主要体现在以下几个方面：第一，需求侧管理是一项长期的战略部署，其目的在于满足经济发展需求，主动适应我国经济社会发展的阶段性变化；第二，需求侧管理是应对国际环境变化的长期战略部署，可以将我国超大规模的市场优势充分发挥出来，致力于解决中长期性、系统性问题，构建完整的内需体系。

◆全局性

双循环新发展格局的构建事关我国发展全局，应该站在全局高度进行综合考虑，具体要做到以下三点。

（1）既要打通生产、分配、流通、消费等环节，也要创建合理的体制机制，促进商品服务等要素自由流通，让各类生产要素实现市场化配置。

（2）面向扩大内需创建完善的政策支撑体系，平衡内需与外需、进口与出口、引进外资与对外投资之间的关系，让它们协调发展。

（3）既要从各个层面切入促进消费，又要积极拓展投资空间。

具体来看，需求侧管理涉及内需体系的构建、社会主义市场经济体系的完善、需求传导机制的建立与完善、供需对接机制的建立与形成等诸多内容，需要政府出台相关政策引导投资、储备与消费。从这个层面上看，需求侧管理直接影响到经济社会发展的全局。另外，近年来世界经济呈现出明显的下行趋势，单边主义、贸易保护主义抬头，给我国的跨境投资、对外贸易、国际技术合作等带来巨大的挑战。为了打破这一局面，我国有必要加强需求侧管理，构建强大的国内市场，畅通经济内循环，以应对国际形势恶化带来的一系列挑战。

◆系统性

需求侧管理是一项复杂的系统性工程，其目的是构建强大的国内市场，满足国内各类市场主体的需求，充分激发国内市场的活力，推动消费、需求双升级，促使供给与需求形成良性互动。需求侧管理要坚持系统性思维，有效处理供给与需求之间的关系，让供需实现动态平衡，打通生产、分配、流通、消费等环节，畅通国内大循环，提高国际大循环的开放水平，对不同地区、不同群体之间的利益关系进行科学处理。

目前，我国内需潜力的释放面临着一系列结构性问题。为了解决这些问题必须进行系统性的战略部署，既要充分发挥短期宏观调控政策的作用缓解经济下行压力，又要围绕扩大内需建立相关的体制机制，通过制度改革、科技创新、释放政策红利等措施引导消费、储蓄与投资，消除制约内循环形成的各种障碍，将内需对经济的拉动作用全面释放出来。

◆动态性

构建双循环新发展格局，是党中央根据我国现处的发展阶段与所面临的经济环境提出的一项新政策。在构建新发展格局的过程中，要不断地对需求侧管理的目标、方法、重点等事项进行调整，其原因主要在于以下两个方面：

（1）随着经济社会不断发展，居民消费不断升级，消费需求呈现出个性化、多元化的特征，对需求侧管理提出了新要求。

（2）目前，国内外的经济发展形势多变，不确定因素非常多，给需求侧管理带来了极大的挑战。

基于上述两点原因，需求侧管理必须时时关注国内外政治、经济等环境的变化，不断调整管理目标与方法。要做到动态的需求侧管理，必须把握住以下几点：第一，时时关注内外环境变化，从变化中把握新需求、新机遇、新挑战，做到科学应变，趋利避害；第二，对国内外市场需求变化进行实时分析，综合消费者不断变化的需求，优化供给侧结构，改善供给质量，对需求侧管理的目标、方向、方法等进行实时调节，让供给与需求达到更高水平的动态平衡。

◆开放性

双循环新发展格局要实现更高水平的对外开放，需求侧管理也要在打通国内、国际双循环的大背景下实施，具有开放性的特点。也就是说，需求侧的管理范围涵盖了国内与国际两个层面，二者相互影响、相互关联。这样一来，满足需求的商品与服务就既有可能来自国内，也有可能来自国外；影响需求侧管理的因素既可能是国内因素，也可能是国外因素。

随着双循环新发展格局战略不断推进，我国对外开放水平会越来越高。在这种情况下，需求侧管理必须对国内、国际两个市场进行统筹考虑、综合利用，打通国际、国内双循环，为招商引资、企业发展创造更多投资机会，促使中国市场更好地融入世界市场。

需求侧管理涵盖的主要内容

需求包括两个方面，一是外需，即国外出口需求，二是内需，即国内消费与投资需求。自改革开放以来，我国政府从政策层面对需求做出过两次重要的表述，分别是1998年强调的“扩大国内需求”和2015年提出的“适度扩大总需求”。虽然这两项政策的表述有所不同，但最终的立足点都是扩大消费需求。此次需求侧管理也是如此。在外需方面，我国出口始终保持着快速增长之势，是拉动经济增长的主要动力之一；在内需方面，投资性需求比较活跃，尤其是政府性投资，而消费性需求的波动则比较大且呈现出持续收缩的态势，被视为拉动经济的主要发力点。

需要注意的是，需求只是一个经济单位概念，反映的是社会商品与服务最终转化为价值的成效。需求侧不仅包括商品与服务的价值转化，而且关注转化环节与过程，包括打破抑制需求的瓶颈、疏通阻碍需求的堵点、解决制约需求的痛点等。由此看来，需求侧管理不仅是从某个单一维度识别消费动态变化，而且涵盖了更多制度创新、技术创新方面的内容。这样一来，在扩大内需的过程中，人们不仅要关注社会消费品零售额的增减，而且要关注消费动能的累积与创造，相关政策也不能只关注短期目标的实现，还要注重消费的持久性与稳定性。

鉴于需求侧管理要将重点放在扩大消费需求，尤其是扩大居民消费需求层面，而扩大居民消费需求，释放居民消费能力的关键又在于增加居民收入，因此可以基本确定“需求侧管理”的关键突破口就是改善居民收入。离开居民收入谈扩大消费需求以及需求侧管理都毫无意义。

对于市场经济来说，供给与需求是两个基本点，二者既相互对立，又相互统一。供给侧管理与需求侧管理是调控宏观经济的两个基本手段，前者主要通过调节税收、财政支出、货币信贷等手段刺激需求或者抑制需求，解决经济发展的总量性问题，后者主要通过优化生产要素配置与调整生产结构提高供给质量与效率，解决经济发展的结构性问题，二者的目的都是推动经济增长。

具体来看，需求侧管理主要涵盖了三个方面的内容：第一，释放消费者的潜在需求，即提高消费者的支付能力；第二，激发消费者的消费意愿，将潜在需求转化为有效需求；第三，挖掘消费者的实际需求，引导有效需求转化为实际需求。这三个方面的内容既涉及微观层面，又涉及宏观层面。从宏观层面来讲，需求侧管理就是要以建设世界消费中心为目的，按照社会再生产的循环规律进行。

（1）建设国际消费中心城市，吸引全世界的消费者。从我国的实际情况来看，北京、上海、广州、深圳等地完全可以成为像巴黎、纽约、东京一样的国际消费中心城市。另外，我国还可以以粤港澳大湾区为核心，充分发挥广州、深圳对珠三角地区的引领作用，打造国际消费中心城市群。

（2）降低交易成本，引导不同层次的需求相互转化，形成内需依存型社会。我国多层次需求差异问题非常明显，不仅不同层次的收入群体之间存在需求差异，而且东、中、西部地区之间，南北方之间也存在需求差异。要想推动我国经济实现协调发展，必须正视这种需求差异，通过需求侧管理促进相对平衡，让不同层次的需求可以相互转化。

（3）以内需促进外需。在社会再生产循环中，消费具有终极需求作用，而且对生产具有反作用。需求侧管理要高度重视这两大作用，推行新的重商主义政策及消费品质提升工程，优化消费结构，提高消费质量，吸引全世界的消费者。另外，在企业层面，国家要鼓励企业提升国际化能力，积极拓展海外市场，以内需促进外需，形成双循环新发展格局。

需求侧管理驱动高质量发展

一个健全的市场离不开供给与需求。没有高质量的供给，就无法满足人民群众对美好生活的需求；没有需求，供给就会失去增长的动力，无法发挥出应有的作用。进入新时期以后，为了推动经济实现高质量发展，必须将需求侧管理与供给侧改革相结合。我国自2015年实施供给侧结构性改革以来，供给质量与效率有了极大提升。但在需求侧，受新冠肺炎疫情影响，外需大幅萎缩，国内需求被压抑。在这种情况下，为了稳定经济发展，构建双循环新发展格局，我国必须加强需求侧管理，充分挖掘内需市场。

◆有利于释放国内市场的活力，形成新发展格局

新发展格局的形成需要加快构建完整的内需体系，建立健全国内消费市场。受疫情影响，目前，我国的消费率偏低，消费呈现疲软态势。2019年，我国最终消费在GDP中的占比为55.4%，虽然相较于前几年有所提升，但仍低于发达国家80%的平均水平。2020年前三个季度，我国居民人均可支配收入仅增长了0.6%，人均消费下降了6.6%。在此形势下，为了提振消费，发挥消费对经济增长的拉动作用，必须加强需求侧管理，积极推进需求侧改革。

◆有利于建设现代化的经济体系，发展大国经济

大国经济最显著的优势就是可以实现内需拉动，形成内循环。中国人口数超过14亿，人均GDP超过1万美元，拥有全球规模最大、潜力最大的消费市场，完全有能力实现内需拉动，保证产业链、供应链的安全。此次疫情是对我国产业链、供应链的一次压力测试。实践证明，我

国完备的产业体系、强大的生产能力与动员组织能力，为疫情防控提供了重要的物资保障，不仅体现了内需市场的培育效果，还让人们意识到打通内循环的重要性。

根据党的十九大会议的要求，我国要建设现代化经济体系，具体来说就是要建立更加稳固的现代农业，推动制造业转型升级，发展门类齐全的现代服务业，不断完善产业门类，推动产业结构优化升级。要做到这一点，必须积极扩大内需，将消费对产业发展的带动作用充分发挥出来。

在一个健康的市场状态下，供给与需求总是处于动态变化之中，能够自发并及时实现供求平衡。随着供给侧结构性改革稳步推进，市场需求爆发出巨大的活力，真正实现了供给创造需求。但因为国内循环体系存在很多短板，生产、分配、流通、消费等环节存在很多堵点，所以我国还没有实现需求牵引供给，尚未形成更高水平的供需动态平衡。从这个方面来看，开展需求侧管理，就是要以需求牵引供给为切入点采取措施。

◆有利于更好地应对疫情冲击与来自国内外的各种风险

从总体来看，疫情对供给端的冲击远远小于对需求端的冲击。受疫情影响，一些企业停工停产，居民就业率大幅下降。由于失去了稳定的收入来源，再加上疫情的不确定性，很多居民开始缩减开支，增加储蓄。根据央行发布的数据，2020年1—9月，我国居民存款增加了9.95

万亿元，相较于2019年同期增长了16.7%，而居民人均可支配收入仅增长了0.6%。此外，随着全球抗疫形势越发严峻，逆全球化风险逐渐显现。在此形势下，推进需求侧改革，加强需求侧管理，是党中央沉着应对挑战、主动因时而变的重要战略选择。

需求侧管理需遵循的四个原则

需求侧管理作为未来几年指导我国经济社会发展的重要战略，遵循以下四大原则。

◆将需求侧管理与供给侧结构性改革相结合

我国政府调控宏观经济的方式有很多，供给侧改革与需求侧管理是两项基本方法。其中，供给侧改革主要是解决结构性问题，激发经济长期增长动力；需求侧管理主要是解决总量性问题，对经济发展进行短期调控。随着经济发展进入不同阶段，经济发展的主要矛盾也会改变。

在经济高速发展阶段，总量性问题是经济发展面临的主要问题，经济发展的主要矛盾在需求侧，宏观调控主要是利用需求牵引供给，增加经济总量。在经济高质量发展阶段，结构性问题是经济发展面临的主要问题，经济发展的主要矛盾在供给侧，宏观调控要重点解决结构性问题，提高供给质量与效率。

目前乃至今后很长一段时间，我国经济发展既要面临总量性问题，又要面临结构性问题，情况比较复杂。在此形势下，我国既要坚定地解决结构性问题，又要将经济发展速度维持在一定水平上，重点解决总量性问题。这就要求我国既要坚持推进供给侧结构性改革，又要做好需求侧管理，实现供给侧结构性改革与需求侧管理相结合。

◆将需求侧管理与长期性的制度安排相结合

在解决总量性问题方面，我国经历了扩大内需、稳定总需求、需求侧管理等阶段。在前两个阶段，政府常用的手段是利用短期需求管理工具扩大内需。此次提出的需求侧管理与以往有很大不同，例如，将关注点放在了制约总需求增长的中长期、系统性问题方面，希望构建一个完整的内需体系；强调扩大居民消费，发挥居民消费对国民经济发展的拉动作用；增加就业，提高居民收入在国民收入分配中的占比；提高对外开放水平与质量，构建双循环新发展格局；等等。为此，此次的需求侧管理应该是一项中长期工作，甚至会涉及制度变迁，以解决供需长短错配问题，切实提高社会生产力水平，推动经济实现高质量发展。

◆将需求侧管理与全体人民共同富裕相结合

从本质上看，需求侧管理就是合理地扩大需求，促进消费，释放经济发展的内在动力。从短期看，要扩大消费必须促进就业，增加居民的可支配收入；从长期看，扩大消费的关键在于增加居民收入，缩小收入差距。目前，我国人口数超过14亿，中等收入群体数只有4亿左右，在总人口数中所占比例不足30%，仍有大约6亿人月均收入不足1000元，这部分人口在总人口中所占比重超过了40%。从总体来看，我国中低收入群体规模庞大，在一定程度上制约了消费增长。除此之外，受疫情影响，服务行业受到了较大冲击，导致大批从业者失业，收入差距进一步拉大。需求侧管理就是要重点解决就业问题，优化收入分配结构，提高居民的收入水平，推动共同富裕。

◆将需求侧管理与新发展理念相结合

需求侧管理不是简单地扩大需求，而是要在释放需求的基础上提高需求质量，坚持新发展理念，以高质量需求牵引高质量供给。一方面，我国要引导居民将消费重点转向高科技产品与新型服务业，带动核心技术、关键技术攻关，带动前沿技术、高端制造、新型服务等新模式、新业态不断发展，切实提高经济发展质量与水平；另一方面，我国要坚持绿色消费，积极推进产业结构调整，大力发展新能源，加快推进全国用能权、碳排放权的交易市场建设，建立健全能源消费双控制度，通过制度性安排引导绿色消费、低碳消费。

第十二章
扩大消费：促进经济增长与转型

从“以外促内”到“以内促外”

中央之所以在此时提出需求侧管理，是出于长远的战略考虑。习近平总书记在《关于〈中共中央关于制定国民经济和社会发展第十四个五年规划和二〇三五年远景目标的建议〉的说明》中指出，“我们完全有信心、有底气、有能力谱写‘两大奇迹’新篇章”。这个新篇章的着力点就是将中国打造成世界消费中心。

自改革开放以来，中国凭借劳动力成本、土地资源等优势成为世界的生产中心，也成为中间产品的需求中心。在工业生产领域，中国拥有39个工业大类、191个中类、525个小类，覆盖了联合国产业分类的全部工业门类。未来，在双循环新发展格局的指导下，我国不仅要继续做世界生产中心，还要凭借国内超大规模的市场成为世界消费中心，让“世界工厂”伴生“世界市场”，从国际大循环迈入以国内大循环为主体，国内国际双循环相互促进的新发展格局。根据习近平总书记在第三届中国国际进博会开幕式上的讲话，未来十年，我国将在需求侧发力，将中国市场打造成为“世界的市场、共享的市场、大家的市场”。企业要实现长远发展，必须关注这个市场，深入参与，提升自己的竞争力。

在成为世界消费中心之后，中国在全球化进程中的地位将得以改变。在向世界消费中心迈进的过程中，我国必然要从更大范围、更高层次加强需求侧管理。

需求侧管理是社会再生产循环的必然要求。根据马克思主义政治经济学的相关理论，在“生产—分配—流通—消费”这个社会再生产循环中，生产决定其他环节，其他环节反作用于生产。在整个过程中，最关键的就是生产与消费的互动。20世纪60年代以来，在全球范围内，从中等收入经济体成功转变为高收入经济体的只有100多个。我国要想跨过“中等收入陷阱”完成这一转变，必须实现生产与消费的良性互动。

从“G（货币）–W（商品）–G（货币）”这个产业资本循环来看，首先货币要转化为商品，然后经过一系列生产过程转化为新的商品，商品经过交易再转化为货币。对于社会再生产来说，这个转化过程非常重要。如果离开这一转化，再生产就无法实现。而这一转化的关键就在于需求是以内需为主，还是以外需为主。

从欧美等发达国家的发展进程来看，大多经历了从“以外促内”到

"以内促外"的转变，最终形成了内需主导的国内大循环。对于我国来说，解决"有效供给能力不足带来大量'需求外溢'，消费能力严重外流"问题，满足人民日益增长的美好生活需要，实现从"以外促内"到"以内促外"的转变，是当前的发展重点。

根据双循环新发展格局的要求，我国经济发展既要以内需为主导，又要面向世界。这就表明，无论在国内社会再生产循环中，还是在社会再生产循环中，我国都要在生产、消费环节占据主导地位。想要实现这一点，我国必须积极推进需求侧改革，加强需求侧管理，跨越中等收入陷阱。

释放居民消费潜力的关键举措

在当前形势下，面对不断恶化的疫情以及不断萎缩的全球市场，投资与出口受到了一定的限制，在拉动经济增长的"三驾马车"中，消费成为动力最强的"一驾马车"。要通过需求侧改革释放居民的消费潜力，扩大国内需求，将消费的基础性作用发挥出来，关键要做好以下几点。

◆提高居民收入，促进消费，让居民共享经济发展成果

据统计，2015—2019年，居民人均可支配收入以年均6.5%的速度增长。受新冠肺炎疫情影响，2020年第一季度，全国居民人均可支配

收入为8561元，名义增长0.8%，如果扣除价格因素，实际下降3.9%。2020年1—9月，全国居民人均可支配收入实际增长0.6%，实现了正增长。如果不考虑疫情因素的影响，近几年，我国居民人均可支配收入的增长速度确实呈现出放缓趋势。

除此之外，居民收入差距较大也在一定程度上对消费增长造成了制约。2008年，我国基尼系数[①]达到了最大值0.491，此后十多年来，我国基尼系数一直在0.46～0.49浮动，虽然有所下降，但一直处于较高水平。居民的收入水平决定了其购买力，要想促进消费，必须想方设法缩小居民收入差距，提高中低收入群体的收入水平，扩大中等收入群体的规模。

◆解除居民消费的后顾之忧，让居民能消费、敢消费

根据央行发布的数据，2019年底，住房贷款余额为29.8万亿元，在居民债务总额中的占比高达53.9%。从增量来看，2008—2019年，住房部门的贷款增长了49.6万亿元，其中个人住房贷款余额增长了26.8万亿元，占比54%。由此可见，住房贷款仍是居民背负的一座大山，严重削弱了居民的消费能力。除住房外，养老、医疗等问题也备受关注。要想扩大内需，释放居民的消费潜力，解决这些问题是关键。

---

① 基尼系数是国际上通用的衡量一个国家或地区居民收入差距的常用指标。基尼系数介于0~1，基尼系数越大，表示不平等程度越高。

◆坚持“房住不炒”的原则，保证房地产市场平稳运行

各地政府要坚持“房住不炒”的原则，根据城市的具体情况推出相应的政策，扩大保障性租赁住房的供给。同时，对于房价上涨速度过快的城市，要完善问责机制，加大处罚力度。根据中原地产研究中心统计数据，截至2020年底，全国卖地收入超过1000亿元的城市有11个，卖地收入超过500亿元的城市有30个，均创历史新高。为了稳定房价，必须大力遏制这种现象，让各地政府摒弃“土地财政”与“卖地思维”，尝试新的融资渠道。

建立以保障性租赁住房和共有产权住房为主体的住房保障体系，增加保障性租赁住房的供给，切实解决住房问题，减轻居民的房贷压力。对于养老问题，政府要求建立健全养老保障体系，完善养老保险制度和老年福利制度，鼓励发展商业养老保险，建立多层次的养老保障体系，为老年人提供多元化的养老服务。对于医疗问题，政府要加大在公共卫生领域的投入，推进公立医院改革，提高医疗卫生服务能力，将更多药品纳入医保范围，减轻居民的看病负担。

总而言之，面对日益复杂的国际环境，我国作为2020年全球唯一实现正增长的主要经济体，未来要进一步转变经济发展策略，积极推进需求侧改革，深入挖掘国内市场的消费潜力，破除阻碍居民消费的各种因素，消除居民消费的后顾之忧，让居民能消费、愿消费、敢消费，将消费打造成拉动经济增长的主要驱动力，推动我国经济发展进入新阶段。

有效控制或降低居民家庭负债率

近几年，虽然国内居民收入的绝对数额在不断增长，但增长速度明显放缓。根据国家统计局公布的数据，2009年，我国居民收入同比增长速度为9.8%，到2019年已经跌落到5.8%，除个别年份外，居民收入的增长速度远不及GDP的增长速度。据统计，2009—2019年，我国GDP年均增幅为8.47%，财政收入的年均增幅为11.96%，同期居民收入的年均增幅只有7.95%。

按照公平理论，人们会从纵向与横向两个维度对收入进行比较，纵向上与自己过去的收入进行比较，横向上与其他相关指标进行比较。从居民的角度来看，如果年均收入的增长幅度连续几年下降，而且远远落后于财政收入与GDP的增长幅度，就会自然而然地认为收入增幅会持续下降，对未来不确定性的预期会随之增加。为了规避风险，他们会自然而然地选择增加储蓄，减少消费。根据央行公布的数据，近十年，我国居民储蓄率一直在40%以上，到2020年11月底居民存款总额达到了212.78万亿元，人均存款为15万元。

除存款数额、储蓄率不断增长之外，居民收入变化还呈现出另外一个特征，就是居民与家庭单位的负债性支出占比不断提高。根据央行发布的数据，目前，我国居民家庭总债务在GDP中的占比为60%，即债务率达到了60%，相较于十年前的19%提高了41%。如果2020年的

GDP达到100万亿元，那么居民负债规模就达到了60万亿元。虽然从全球的视角看，60%的负债率并不是最高，但却远超新兴市场国家37%的平均水平。如果从负债率的增长幅度来看，发达经济体负债率的增长幅度在20%左右，而过去十年我国负债率的增长幅度达到了170%。

据统计，在负债率如此高的社会中，75.9%的居民和家庭将负债用于买房，也就是说，导致我国居民负债率大幅增长的主要原因就是日益高涨的房价。需要注意的是，在我国，负债群体逐渐呈现出年轻化的趋势，除了80后因购房成为负债群体之外，还有一大批90后、00后通过各种借贷工具超前消费背负巨额债务，成为负债群体。根据央行公布的数据，目前我国有67%左右的年轻人无法按时偿还信用卡。

居民负债率的快速提升不仅削弱了居民的远期消费动力，而且因为居民要将大部分收入或储蓄用于偿还贷款，所以直接限制了其即期消费行为。再加上，一些没有独立收入的年轻人因为借贷消费背负上巨额债务，却没有能力偿还，只能将还贷压力转嫁给父母，导致整个家庭不得不将一部分收入用来偿还债款，从而减少在其他方面的支出。正因如此，过去十年，我国社会消费品零售总额的增长速度持续下滑，从最高的23%降至目前的8%。

在居民负债率提升的同时，又有大量资金处于沉淀与禁锢状态。一方面，在其他国家的股票市场创出新高的同时，A股一直没有太大变化，始终维持在10年前的水平，大量资金被套牢；另一方面，近年来，我国的P2P等互联网融资平台疯狂扩张，虽然经过供给侧改革淘汰了一批不规范的平台，但因为一些平台的创始人跑路，大量投资无法追回，或者平台不得不低价转让。虽然上述两个原因对我国居民造成的损失无法估计，但使居民的货币收入受到侵蚀、使其潜在的消费能力受到抑制却是客观的事实。

综上所述，需求侧改革要想打通影响居民消费收入改善的“堵点”，首先要使经济保持稳定增长，提升经济发展质量。虽然一直以来我国都在倡导经济发展要摆脱“唯GDP论”的窠臼，但想要让居民收入保持增长，必须适当提高GDP的增长速度。因此，我国要积极改变GDP的增长方式，鼓励生产要素市场化，打破生产要素流通限制，降低交易成本，深度挖掘要素改革红利，打破垄断，促使能源、通信、文化、医疗等行业的市场开放程度进一步提升，实现微观经济主体的深度再造。除此之外，要积极发展数字经济，加大5G、人工智能等新基建领域的投资力度，促进新产业崛起，催生新型消费。

供给侧改革与需求侧管理相配合

2015年中央首次提出供给侧改革，将供给侧改革定义为推动我国经济发展的新思路，这是有针对性地解决我国经济发展现存问题的新方法。在“十三五”期间，供给侧改革一直是我国经济发展的指导思想，但强调供给侧改革并不意味着忽略需求侧的经济调控。相反，需求侧管理在实现供给侧改革最终目标的过程中发挥着非常重要的作用，供给侧改革需要与需求侧管理相配合，在适度扩大总需求的基础上逐步推进。

◆供给和需求本来就是一币之两面

纵向分析不断演化发展的经济理论以及各国不断调整的经济政策可以发现，经济政策究竟以供给侧为重点还是以需求侧为重点，取决于该国当时的宏观经济状况，要对供给与需求进行综合考虑，否则做出的任何决策都具有片面性，无法体现其真实价值。

我国之所以要积极推进供给侧结构性改革，主要是因为该领域存在诸多问题：第一，在资金供给方面，国内的资本大规模流入国际市场，而国内的企业却面临着融资难题；第二，人口老龄化趋势越发严重，劳动力数量与质量之间存在显著矛盾；第三，核心技术、关键技术无法取得突破，导致中低端产能过剩，高端产能不足。总而言之，目前，我国供给侧面临的问题主要聚焦在结构性的“增”与“减”方面。

在“增”的方面，要增加对国内企业的资金供给，提高国内企业的科研水平，增强科研人员的研发能力，鼓励企业创新，释放企业活力；在“减”的方面，要采取措施减少资本外流，减少产能过剩产业的供给，解决人口老龄化问题。在我国经济发展过程中，这些问题将长期存在，对我国未来经济的发展造成一定的影响。因此，解决供给侧结构性问题，就是解决中国经济长期发展问题。

而需求侧的压力主要体现在四个方面：第一，消费疲软，同时结构性消费不足；第二，地方政府与企业的投资需求严重不足；第三，进出口增长速度不断下降；第四，各类商品的价格指数迟迟无法提升。综上可知，需求侧的问题主要聚焦在“扩”和“转”两个方面。其中，在“扩”方面就是要扩大需求，增加投资，增加进出口；在“转”方面就是要实现出口转内需，提高居民的消费层次，从中低端消费转向高端消费，将重复性投资转变为差异化投资。在这些问题中，扩大需求是亟须解决的关键问题，而“转”方面的问题则是长期问题，需要与供给侧改革同步进行。

◆以需求侧的激励推动供给侧改革

从宏观经济层面来看，我国需要通过需求侧激励为供给侧改革创造更宽松的环境，以满足市场供给的结构性短缺为导向，让短期稳定与长期可持续增长达到动态平衡。为了实现这一目标，政府出台了一系列既能推动供给侧改革，又能解决需求侧问题的政策措施，具体包括以下内容。

（1）破除垄断，通过释放投资需求提高供给效率。首先，政府要积极推动国有企业改革，尤其是混合所有制企业，不断拓展民间资本投资范围，允许民间资本进入一些垄断领域。其次，做好负面清单管理，为民间资本参与投融资创造更广阔的空间。最后，完善普惠制金融体系建设，降低中小微企业的融资成本，丰富产品供给类型，拉动投资需求增长，为实体经济发展、产业转型升级提供强有力的支持。

（2）简政放权，推动大众创业、万众创新，形成“双创”格局。首先，明确科技工作者、研发人员在科技创新、创新成果转化方面的主体地位，为创新、创业活动的开展创造一个宽松的社会环境。其次，完善市场机制，让科技研发成果走出实验室，实现市场化、产业化。最后，加强对创新行为的引导，让创新供给与市场需求实现良性互动，满足消费者个性化的产品需求，减少消费外溢。同时，要加强产业结构调整，满足现在的市场需求。

（3）差别化减税，提高企业生产、居民消费的积极性。一方面，政府要出台政策减轻中小微企业的税负，鼓励企业加大生产。另一方面，政府要强化税收制度调节收入的功能，推进个人所得税改革，征收房地产税、遗产和赠与税等，增加中低收入群体的收入，同时提高高收入群体的税负比重，缩小收入差距。

（4）普惠民生、增加供给、创造需求。一方面，政府要持续增加在医疗、教育、文化设施、养老等领域的投资，降低门槛，吸引民间资本进入。另一方面，政府要不断提升公共服务能力及社会保障水平，激发消费者的购物意愿，释放消费者的购买力。同时，政府要加强对贫困地区、贫困人口的扶持，加大力度整治城乡环境，惠及民生。

第十三章
促进有效投资，拉动经济增长

发挥投资拉动经济增长的作用

投资是拉动经济增长的“三驾马车”之一，在我国经济发展的各个阶段都发挥着极其重要的作用。目前，我国经济发展面临的内外环境比较复杂，下行压力仍然较大。在拉动经济发展的“三驾马车”中，外需短时间内很难恢复到疫情前水平，消费需要慢慢发挥作用，只有投资能在较短时间内稳定经济发展，调整经济发展结构，补短板，培育经济发展新动能。因此，我国在大力推进需求侧改革的同时，也要关注投资增长，优化投资结构，将投资在稳定经济增长方面的作用充分发挥出来。

一直以来，投资都是拉动经济增长的一个重要动力。在外需不振、内需不足、经济下行压力不断加大、传统增长动力持续下降的形势下，扩大有效投资，发挥投资稳增长的关键作用，是稳定经济运行，让经济增长保持在合理区间的重要举措。

目前，我国正处在高速发展阶段，基础设施建设领域存在较大短板，投资潜力巨大。过去30年，我国传统产业领域经过大规模开发与建设已经相对饱和，但一些新技术、新产品、新业态、新商业模式领域涌现出大量投资机会。同时，固定资产投资也不再局限于公路、铁路、机场，开始调整投资方向，优化投资结构，对我国经济结构优化、经济发展方式转型产生了积极的推动作用。

投资既能增强生产能力，又可以体现为需求，从供给与需求两个层面对经济增长产生推动作用。从短期看，投资主要以需求的形式拉动经济增长；从长期看，投资则主要体现为供给效应。基于这种双重效应，投资不仅可以在短期内影响经济发展，还可以对经济发展产生长期作用。但要想将投资稳定增长的作用发挥出来，关键在于保证投资的有效性。当前，投资领域的供给侧结构性改革的主要任务就是补短板，扩大有效投资。

目前，随着技术变革的速度越来越快，消费结构不断升级，市场能够实现的生产能力变得有限，传统比较优势与增长动能明显减弱。在此形势下，为了加快产业结构调整，推动产业转型升级，提高产业发展质量与效率，只能不断加大投资力度。同时，要不断优化投资结构，加大对节能环保、新一代信息技术、高端装备制造等新兴产业的投资力度，通过投资引导技术创新，发展新行业，培育新业态，推动整个产业向着高端化、智能化、绿色化、服务化的方向不断发展，在增强传统动能的同时，积极培育新动能，实现“双轮驱动”。

另外，在我国全面建成小康社会的道路上，城乡之间、区域之间、产业之间发展不均衡问题一直比较突出。为了解决这些问题，我国要进一步提高公共产品与服务的供给能力，提高医疗、教育等基本公共服务均等化水平。因为公共产品与服务涉及的领域比较多，覆盖的范围比较广，而且投入大、周期长，要求政府在加大投资力度的同时，积极创新投资机制，激发社会投资的积极性，扩大投资主体，整合更多资源参与到投资中来。

根据国家统计局发布的数据，2020年1—10月，全国固定资产投资（不含农户）为483292亿元，同比增长1.8%，增速比1—9月提高1.0个百分点（见图13-1）。其中，民间固定资产投资为269183亿元，下降0.7%，降幅收窄0.8个百分点。从环比增长速度看，10月固定资产投资（不含农户）增长3.22%。

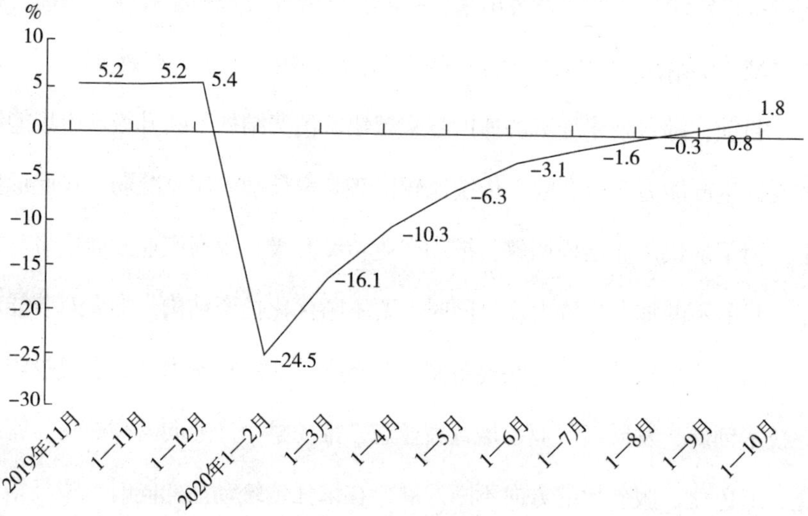

图13-1　固定资产投资（不含农户）累计同比增速

从整体来看，全国固定资产投资增速小幅回升的原因主要有以下几点：

◆稳增长政策效果显现

为了应对疫情给我国经济造成的巨大冲击，应对国际复杂多变的经济形势，缓解我国经济下行压力，自2020年初以来，国家陆续出台了一系列“促投资、稳增长”的政策，包括大力发展新基建、形成双循环新发展格局等。同时国家还安排了一批专项建设基金，启动了一批重大工程，多措并举，对投资增速回升产生了积极的推动作用。

◆房地产开发投资增速回升

根据中商产业研究院发布的数据，2020年1—10月，全国房地产开发投资为116556亿元，同比增长6.3%，增速比1—9月提高0.7个百分点。其中，住宅投资为86298亿元，增长7.0%，增速提高0.9个百分点。从区域看，1—10月，东部地区房地产开发投资为61714亿元，同比增长7.1%，增速比1—9月提高0.6个百分点；中部地区投资为23372亿元，增长2.4%，增速提高1.5个百分点；西部地区投资为26636亿元，增长8.3%，增速提高0.2个百分点；东北地区投资为4834亿元，增长5.6%，增速提高1.2个百分点。虽然从整体看，房地产市场的投资增速与2019年相比仍存在较大差距，但各区域房地产市场的回暖为提振投资、稳定经济奠定了坚实的基础。

◆高技术产业投资由降转增

2020年1—5月，高技术产业投资同比增长1.9%，成功逆转1—4月的下降趋势。其中，高技术制造业投资同比增长2.7%，包括计算机及办公设备制造业投资增长12.0%，医药制造业投资增长6.9%，电子及通信设备制造业投资增长2.5%，医疗仪器设备及仪器仪表制造业投资增长2.3%；高技术服务业投资同比增长0.5%，包括电子商务服务业投资增长25.4%，科技成果转化服务业投资增长25.2%，专业技术服务业投资增长1.0%，环境监测及治理服务业投资增长0.8%。高技术产业投资的回升，对优化投资结构产生了积极的促进作用。

我国固定资产投资面临的问题

虽然固定资产投资呈现出增长趋势，但其面临的问题依然严峻，主要问题如下。

◆企业自主投资意愿不强

2020年上半年以来，受疫情影响，我国企业投资意愿普遍下降，其原因主要包括以下四个方面：

（1）受疫情影响，产品出口受阻，生产成本增加，预期收益减少，导致企业面临的生存压力持续加大，投资意愿严重下降。部分企业对投资创新存在诸多顾虑，无法明确投资方向与市场前景。

（2）全球经济萎靡，呈现出明显的下行趋势，国内企业面临经济结构调整压力，需要加快技术升级，调整产品结构，无力兼顾投资。

（3）新冠肺炎疫情在全球蔓延导致全球产业链中断，虽然一些企业生产的产品市场需求较大，但因为上下游零部件企业供应不足，或者供应链中断，无法形成有效产能。

（4）一些企业受疫情影响较大，对外投资放缓。例如，在疫情影响下，一些企业投资的境外项目现金流中断，再加上金融政策的支持无法及时到位，导致企业出现融资难、融资贵等问题，无法继续投资。

◆中小微企业融资困难

为了减弱疫情对疫情防控重点企业的影响，中国人民银行设立3000亿元专项再贷款，支持金融机构向疫情防控重点企业提供优惠利率贷款，精准支持直接参与抗击疫情的企业。当前，发放贷款贴息后，企业实际融资成本平均为1.28%，低于国务院不超过1.60%的要求。但大多数中小微企业由于经营业务比较单一，自身实力有限，融资信用较低，很容易被金融机构列为高风险群体，要想获得贷款需要通过层层考核，难度极大。

另外，我国政府对中小微企业融资支持起步较晚，相关的法律体系、公共服务体系、金融环境体系尚不健全，导致中小微企业的违约成本较低。中小微企业一旦无力偿还金融机构的债务，有可能选择逃避债务，迫使金融机构不得不提高对中小微企业的贷款门槛。所以，即便有政府政策的支持，中小微企业融资难问题依然无法得到有效解决。

◆政府和社会资本合作模式进展较慢

为了拓展投资的资金来源，吸引社会资本在公共服务以及市政公用领域投资，我国推出政府与社会资本合作模式。但从目前的实施情况看，由于项目收益率较低，政府治理水平有待提升，政府信用约束制度尚未建立，该模式的推进效果不甚理想。另外，从已经签约的政府和社会资本合作开展的项目（Public Private Partnership，PPP）来看，国有企业仍然是主体，民营企业的参与程度普遍较低。

◆房地产去库存压力依然很大

根据社科院发布的《中国住房发展报告（2019—2020年）》，2016年，房地产期房库存消化周期大约为3.1年，2017年下降至2.8年，但进入2019年之后库存指数明显反弹，去库存周期延长至三年，去库存压力明显增加。根据业内专家的观点，2020年是房地产市场非常重要的一年，但这一年，受疫情影响，人们的购房意愿明显下降，房地产市场的交易行情略显疲软。

促进投资稳定增长的有利因素

2020年下半年以来，在政策的引导下，在国有企业、民营企业等市场主体的共同努力下，投资增速已经恢复到疫情前水平，居民储蓄实现了快速增长，但消费的增长速度远没有达到预期。加强需求侧管理，对消费、储蓄、投资三者之间的关系进行协调，可以将潜在消费需求充分释放出来，为形成强大的国内市场奠定良好的基础。

一方面，将宏观杠杆率控制在相对固定的水平，稳定人民币汇率，引导居民适当扩大消费，将储蓄率控制在合理区间；另一方面，迎合城乡居民消费结构不断升级的趋势，实现精准投资，提高投资的有效性。

随着消费不断升级，我国居民的消费需求发生了巨大变化。在此形势下，政府应根据需求结构变化，扩大有效投资，深入推进投融资体制改革，推动生产、消费持续升级，促使供给与需求实现动态平衡。

优化投资结构、扩大投资空间是加强需求侧管理的一项重要手段。在撬动社会投资方面，政府要做好引导，一方面要充分发挥中央预算投资与政府投资的撬动作用，扩大内需增长空间，释放民间投资的活力；另一方面要积极推动社会投资，形成以市场为主导的投资内生增长机制。加快实施城市更新行动，补足城市基础设施建设短板；全面落实城乡振兴战略，补足农村基础设施建设短板，让农村基础设施实现相互联通，将农村市场的消费潜力全面释放出来；积极推进技术改造与设备更新，大力发展智能制造、绿色制造；积极推进现代流通体系建设，降低社会流通总成本。

为了稳定经济增长，政府出台了一系列政策与文件，为促进投资稳定增长创造了良好的条件，具体分析如下。

◆投资体制改革逐步深化

2016年，党中央、国务院印发《中共中央 国务院关于深化投融资体制改革的意见》，强调要深化投融资体制改革，确立企业投资主体的地位，对各类投资主体一视同仁，激发社会投资的活力。改善企业的投资管理，做好事前政策引导，事后监管约束，创新服务方式，简化服务流程，提高服务能力。完善政府投资的体制机制，将政府投资的引导作用充分发挥出来，不断完善政府与社会资本合作模式，拓宽资金来源，引导社会资本投向更多领域。

◆降低投资门槛

每个项目的启动都需要项目资本金，只有项目资本金到位，才有可能获得银行贷款。如果项目的回报率比较好，为了尽快落地实施，有可能会获得最低资本金比例下调优惠。虽然，现阶段我国中西部部分地区的客流、货流较少，无法获得较高的信贷比例，但在“一带一路”等政策的影响下，如果未来的增长趋势较好，可以享受银行提供的较高比例的信贷，让一些因为资金问题无法落地的项目尽快落地。

◆地方固定资产投资的态度开始改变

在稳增长、调结构、供给侧改革、需求侧改革等一系列政策的作用下，传统产业领域开始淘汰落后产能，投资呈现出明显的下降趋势，但对一些高技术、高附加值产业的投资力度开始加大，包括现代农业、高科技制造业、新能源、现代物流产业、信息传输、计算机服务和软件、互联网金融、文化和娱乐产业等，不断涌现新的投资项目，释放出巨大的投资潜力。

◆基建投资保持较高水平

中央经济工作会议指示，要进一步增强投资增长的后劲，继续发挥投资的关键作用，激发社会投资活力；要大力发展数字经济，加强在新基建领域的投资力度，增加在制造业设备更新、技术改造等领域的投资；要加强统一规划，统筹产业布局，避免重复建设。在所有的投资领域中，新基建备受关注。其中，在5G建设方面，截至2020年10月，我国累计建设5G基站超过70万座，终端连接超过1.8亿个；在智慧充电桩建设方面，国家电网开发的智慧车联网平台，已接入充电桩超过103万个。据预测，“十四五”期间，我国新基建领域的投资将达到10.6万亿元，在全社会基础设施投资中的占比将达到10%左右。2021年，我国将继续加大在新基建领域的投资力度，让经济增长保持在较高水平。

◆投资端发力稳经济

首先，政府牵头加大在基础设施领域的投资力度，尤其是高铁、公路、港口等，全面提升社会基础设施能力；其次，加大在基层医疗领域的投资，尤其是加大对社区医院、三四线城市医院的硬件投资，提升基层医疗的服务能力；再次，出台政策鼓励民间投资，充分释放民营经济的活力，研究制定投资抵减税收、递延纳税、财政补贴、金融贴息等政策，鼓励社会资金进行投资；最后，加大在新材料、新技术、新能源等领域的投资力度，刺激创业领域的产业链投资。

扩大有效投资的三大重点方向

目前，我国正处在高速发展阶段，投资需求潜力依然很大。在拉动经济发展的“三驾马车”中，投资的乘数效应相对较大，受疫情冲击较小，对经济增长的拉动作用依然强劲。为了应对疫情对经济的冲击，缓解当前经济下行的压力，积极扩大内需，为未来经济的发展奠定坚实的基础，我国必须扩大有效投资，将投资对经济的拉动作用充分释放出来。

◆大力发展实体经济，尤其是制造业

对于一国经济来说，实体经济是立足之本，是国家强盛的重要支柱。习近平总书记指示，“必须把发展经济的着力点放在实体经济上”“不论

经济发展到什么时候，实体经济都是我国经济发展、在国际经济竞争中赢得主动的根基”。为了推动实体经济发展，我国必须积极推进技术创新，突破技术瓶颈，推动我国制造业转型升级，从边缘产品、零部件制造向核心产品、整机制造转型，提升我国制造业的整体竞争力。

明确制造业与房地产、金融等行业的关系，引导更多优质资源流向制造业，推动传统制造业实现智能化改造与升级，持续扩大国产装备、系统集成、工程设计和施工等市场的需求。同时，加大对机器人、新材料、高端装备、智能制造等领域的投资力度。

为了推动经济高质量发展，我国要积极围绕产业链布局创新链，围绕创新链布局产业链；顺应城镇化快速发展趋势，加大在新型城镇化建设领域的投资，补足环境卫生、公共服务、产业配套等领域的短板，为发展不平衡、不充分问题提供有效的解决方案。

◆坚持推进供给侧结构性改革

从长期看，供给结构不合理、供给质量不高等问题始终制约着我国经济发展；从短期看，新冠肺炎疫情对我国经济发展造成了巨大的冲击，不仅加大了我国经济下行压力，而且使供给结构问题更加明显。因此，要想将投资对经济的拉动作用充分发挥出来，必须始终坚持推进供给侧结构性改革，在制定投资政策时对长期目标与短期目标进行合理安排。

首先，我国要积极推进新型基础设施建设，夯实战略性新兴产业发展的基础。其次，我国要加大交通、水利等领域的投资，积极推进传统基础设施改造升级，例如桥梁、铁路、公路、棚户区、城市地下管网、农田水利设施等。最后，我国要积极创建有利于创新的市场环境，激发企业、科研机构等的创新热情与活力，将创新打造成引领经济发展方式转变、经济结构升级、发展动力转换的核心力量。

◆充分发挥制度优势

社会主义市场经济体制不仅可以激发各类市场主体的活力，让社会生产力在最大程度上得以解放和发展，而且可以兼顾效率与公平，实现共同富裕。要想扩大内需，我国就要充分发挥社会主义基本经济制度的优越性，激发投资热情。一方面，我国要鼓励在国计民生相关领域的投资，增强产业链的韧性、稳健性，提高产业链的发展水平，夯实经济发展基础；另一方面，我国要进一步深化市场准入、信贷、税收、产权保护等领域的改革，不断优化市场环境，激发民间资本的投资热情，鼓励民间投资。在这个过程中，我国要充分发挥国有企业投资的乘数效应，以国有企业投资带动民间投资，使投资市场不断发展壮大。

加强投资的市场导向，提高投资效率

提高投资效率的关键在于加强投资的市场导向，发挥市场在资源配置中的决定性作用。除此之外，要积极推进国有企业改革，强化国有企业的市场激励机制与预算约束机制，同时深化金融行业的改革，最大限度发挥利率在信贷分配方面的作用，尽量减少行政干预。

提高投资效率需要优化投资结构，让基础设施投资、设备投资、房地产投资实现均衡发展。研究显示，近几年在人均基础设施与房地产资本存量方面，我国与发达国家之间的差距正在不断缩小，但人均设备资本存量之间的差距仍然很大。未来几年，我国要进一步优化投资结构，通过资本投资推动产业升级与科技创新。

目前，中国的经济发展已经进入一个全新的阶段，需求将在拉动经济增长方面发挥越来越重要的作用。在双循环战略背景下，需求侧改革将进一步放大供给侧改革的成效，扩大内需，释放消费潜力，提升经济发展质量，保证经济实现稳定可持续发展。

扩大有效投资的主要对策建议

◆推行积极的财政政策

（1）我国要发挥中央预算内投资的带动作用，对中央预算内的投资安排进行调整，提高在国家重大工程，尤其是跨地区、跨流域的工程项目方面的投资比例，减少对地方小项目、零散项目的投资补助。

（2）我国要盘活财政存量资金，清理结转结余资金和财政专户，将财政存量资金用于改善民生、基础设施建设、公共服务等领域，切实提高财政资金的使用效益。

（3）我国要推动普遍性降费，消除政府单位、事业单位的乱收费现象，减免小微企业的行政事业性收费，减轻小微企业的财政负担。不断完善投资计划管理等配置制度，对政府投资资金进行统筹使用，积极推进全国投资项目在线审批监管平台建设，以调整优化投资结构。

◆积极引导社会资本投入

（1）政府要建立健全PPP项目的回报机制，完善价格与收费政策；要建立健全金融配置政策，为PPP项目的落地提供融资支持。

（2）政府要解决PPP项目融资担保难题，充分发挥中央PPP基金的作用，在全社会大力推行PPP模式。

（3）政府要完善与银行等金融机构与项目单位的合作对接机制。

◆打通投融资渠道

（1）政府要打通间接融资渠道，鼓励商业银行加大对补短板领域的投资力度。

（2）政府要鼓励金融机构向扶贫、“三农”等领域发放贴息贷款、小额信用贷款等。

（3）政府要鼓励政策性银行加大在关键领域、薄弱环节建设等领域的投资，提高直接融资所占比重，推动多层次资本市场建设。

（4）政府要鼓励企业发行多种类的债券筹集资金，持续推进债券品种创新。

◆增加政府投资项目储备

（1）政府要加快推进入库项目前期工作，逐渐从“资金等项目”转变为“项目等资金”。

（2）政府要以重大建设项目库为依托，制订三年滚动计划，与年度计划、五年规划进行衔接。

（3）政府要对各类财政性建设资金进行统筹使用，减少重复安排，提高投资效益。

5

第五部分

内需战略：中国经济持续增长的实践路径

第十四章

战略基点：坚定实施扩大内需战略

扩大内需：驱动经济增长新引擎

虽然我国的疫情防控取得了重大战略成果，但国际疫情防控形势却不容乐观。在新冠肺炎疫情的冲击下，世界经济衰退风险加剧，我国经济发展面临的不确定因素增多。在此形势下，一方面，我国要稳步推进各种防疫措施，外防输入、内防反弹；另一方面，我国要积极响应中央政治局会议提出的扩大内需战略，紧扣全面建成小康社会的目标任务，落实各项举措，牢牢把握发展的主动权。

面对新冠肺炎疫情对经济发展造成的短期冲击，为了稳定经济发展，中央政治局会议提出了扩大内需战略。我国的疫情防控在2020年3月初显成效，随着复工复产稳步推进，各项主要经济指标都呈现出回升态势，物价逐渐稳定，就业率有所回升，防疫物资、生活必需品的供应恢复正常，基本社会民生保障逐渐稳定，疫情防控与经济社会发展都取得重大成效。即便如此，在稳定经济运行，让经济保持回升态势，缓解经济下行压力等方面，我国仍然面临着严峻挑战。

虽然国内的疫情防控取得了战略性胜利，但随着变异病毒开始流行，国际抗疫形势变得越发严峻，疫情防控造成的经济停摆仍在大多数国家继续，英国、法国、美国等主要经济体不可避免地陷入了经济衰退，全球供应链、产业链在短期内很难恢复到疫情前水平。在全球化时代，全球供应链、产业链受损必然会给我国的进出口贸易造成不良影响，导致我国一些行业或企业无法正常运行，经济下行压力加大。

但更应该看到，经过多年努力，我国在转变经济发展方式、优化经济结构方面已经取得了不错的成果。过去，我国经济增长严重依赖外需，如今已经转向以内需为主导，内需成为经济发展的基本动力。在世界经济下行、外需大幅萎缩的当下，我国要坚定地实施扩大内需战略，逐步推进复工复产，加快释放居民的消费潜力，增加在推进产业转型、扩大新型基础设施建设、补短板等方面的投资，巩固我国经济正向发展趋向，努力实现既定的发展目标。

扩大内需不仅可以应对国际市场的风险与挑战，而且可以推动我国经济长期向好发展。改革开放以来，我国主动融入全球市场，在享受经济全球化红利的同时，也要应对全球经济不稳定带来的各种风险。在过去几十年的发展过程中，我国不止一次受到外部经济环境的冲击，但都做出了科学应对。

1997年爆发亚洲金融危机后，相关国家和地区的货币纷纷贬值，金融市场遭遇剧烈震荡，经济严重衰退，对我国外贸出口、经济增长造成了严重冲击。在此形势下，我国坚持人民币不贬值，增发国债以扩大内需，同时深化国企改革与金融改革，最终稳定了国内的金融市场，为经济高速发展奠定了坚实的基础，并且有力地促进了东亚地区的金融稳定与经济复苏，彰显了大国形象。

2008年，一场始于美国的金融危机席卷全球，我国深受其害。为了应对此次危机，我国及时出台一系列政策措施，牢牢立足于扩大内需这一战略基点，加快转变经济发展方式，调整经济结构，率先稳定了经济发展形势，实现了经济回升。由此可见，面对外部经济危机，扩大内需始终是我国稳定经济发展、掌握发展主动权的重要策略。

党的十八大以来，国内外的经济形势发生了巨大改变，世界经济在经过一轮国际金融危机之后进入深度调整阶段，国内经济也进入“三期叠加”阶段，即增长速度换挡期、结构调整阵痛期、前期刺激政策消化期。在此形势下，党中央准确把握我国经济发展的阶段性特征，不断提高对外开放水平，鼓励自主创新，扩大国内需求，推动产业转型升级，不断优化供给体系，巩固我国经济长期向好的发展趋势，推动我国经济高质量发展。

由此可见，我国坚持实施扩大内需战略不仅是为了应对新冠肺炎疫情的冲击，还是为了尽快恢复经济增长，保证经济健康发展。作为世界第二大经济体，我国经济的长期发展不能只靠外需拉动，必须将内需打造成经济发展的主要驱动力。坚定不移地扩大内需，不仅可以更好地培育国内市场，为世界其他国家创造互利共赢的机会，还能有效应对单边主义、贸易保护主义抬头趋势。

把握扩大内需战略的重要内涵

我国人口众多，中等收入群体人数超过4亿，拥有全球最具有成长性的消费市场。同时，我国处在高速发展阶段，众多领域蕴藏着巨大的投资潜力，包括科技创新、产业升级、基础设施网络完善、新型基础设施建设、城乡区域协调发展、生态文明建设等。因此，只要坚持扩大内需，深入理解并把握扩大内需战略的内涵，将我国超大规模市场的优势充分发挥出来，就能稳定经济长期向好发展的势头，让经济实现健康可持续发展。具体来看，深入理解和把握扩大内需战略的重要内涵必须做好以下几点。

◆紧抓供给侧结构性改革主线

扩大内需战略的实施必须紧抓供给侧结构性改革这条主线，将深化供给侧结构性改革与扩大内需相结合，在必要的情况下发布相关政策，支持扩大国内消费与有效投资需求，为企业复工复产奠定需求基础。同时，政府要引导企业创新产品与服务，颠覆传统的供给模式，不断满足消费者日益升级的消费需求。

要想深化供给侧结构性改革，提高供给体系的质量，必须以提高产品与服务的质量为核心，以提高实体经济的发展水平为主战场，以提高基础设施网络化智能化水平为基本保障。从某个层面来看，扩大内需战略的实施不仅可以对需求进行有效调控，还能推动供给质量不断提升。

◆善用改革方法

面对经济下行趋势，政府要找准时机推行改革，通过改革解决发展过程中的各种问题。为了稳步推进扩大内需战略，政府不仅要加大财政货币政策的支持力度，合理运用投资、消费等手段，扩大国内需求，稳定经济发展形势，还要优化利用各种改革策略，通过完善要素市场化配置的体制机制，激发民间投资、中小企业、新兴产业的活力。需要注意的是，在应对疫情冲击、经济下行压力的背景下，扩大内需不是简单地复制过去的政策，而是要立足于全面深化改革，对长短期利益进行综合考虑。

◆保障产业链、供应链的稳定性

我国拥有全球最完整的工业体系，有200多种工业产品的产量位居世界第一，粮食安全也有强有力的保障。从整体来看，我国供应链、产业链比较稳定，在应对新冠肺炎疫情的过程中独具优势，而且将继续在稳定经济发展的过程中发挥重要作用。因此，扩大内需战略的实施要同时从需求侧与供给侧发力，进一步巩固农业的基础地位，推动新兴产业与传统产业、制造业与服务业融合发展，加快推进现代产业体系建设，让实体经济、科技创新、现代金融、人力资源实现协同发展。

◆以为人民谋福利为根本目的

要想扩大国内需求，必须不断提高居民的收入水平，改善消费环境。同时，只有扩大国内需求，稳定经济发展，才能让经济发展成果惠及人民群众，让全国人民共享经济发展的红利。因此，扩大内需不仅是稳定经济增长，转变经济发展方式的重要举措，还是保障民生、改善民生，为人民谋福利的重要手段。

发挥消费对经济增长的基础作用

扩大内需战略的实施需要综合施策，做好“六稳”工作，落实“六保”任务，推动供需有效衔接，从消费端与投资端共同发力，让宏观调控政策与改革措施协同联动，培育新的增长点，牢牢掌握发展的主动权。

一个完整的生产过程必须涵盖生产、分配、流通、消费等环节，产品只有进入消费阶段才能完成生产过程，之后才能进入社会再生产阶段。也就是说，在社会再生产过程中，消费发挥着基础性作用。作为全球第二大消费市场，我国正处在消费升级阶段，不断扩大的消费市场对我国经济发展产生了重大的拉动作用。内需战略的落地，关键是要发挥好消费的基础性作用，畅通国内经济循环，推动社会再生产顺利进行，推动经济高质量发展。要想将消费的基础性作用发挥出来，关键要做好以下三点。

◆培育新型消费模式，促进消费升级

虽然新冠肺炎疫情给传统消费造成了巨大的冲击，但疫情防控也催生了很多新型消费，例如社区团购、直播零售等，这些新型消费成为对冲疫情冲击的关键力量。为了促使新型消费更好地发展壮大，将新型消费的潜力充分释放出来，我国要积极推进5G网络建设，拓展5G网络的场景应用，完善5G网络基础设施建设，推动超高清视频、虚拟现实等新型消费不断发展，鼓励居民增加在电子商务、网络教育、网络娱乐、电子政务等领域的消费支出。

每一次消费结构的优化、消费层次的提升都将转化为推动经济发展的重要力量。在我国进入数字化、智能化时代的重要阶段，消费不断升级，人民群众的消费需求越发个性化、多元化。在此形势下，坚持提高供给质量，加快推进现代化经济体系建设，可以推动消费结构不断优化，消费层次持续提升。

消费是生产的终点，也是生产的起点，扩大消费的关键在于进一步

释放消费潜力。因此，我国要在实物消费、农村消费、服务消费等领域积极发展新消费，在扩大消费规模、提高消费增速的同时，也要不断提高生产质量，推动生产升级。同时，要全面掌握年轻群体的消费习惯，全面推广网络消费、智能消费等多元化的消费方式，提高服务消费在居民消费中的占比，改善经济结构，推动经济实现高质量发展。

◆提高商品质量与服务

需求与供给相互作用，需求决定供给，供给影响需求。在扩大消费需求的同时，我国要积极推进供给侧结构性改革，提高供给质量与水平，满足消费者对优质产品与服务的需求。一方面，要面向中等收入群体，为其提供定制化产品，满足其个性化消费需求，全面释放消费潜力，在减少消费外流的同时，增强我国市场对国际消费的吸引力，促使供给端与消费端实现和谐发展；另一方面，我国要进一步放宽对新模式、新业态的限制，保证东部沿海经济发达地区的供需正常发展，缩小中、西部经济欠发达地区的政策差异，通过供给侧结构性改革增加消费需求，推动经济实现高质量发展。

◆完善民生保障制度

虽然在资源配置方面，市场配置的效率最高，但市场配置具有一定的局限性。一些与人民群众根本利益密切相关的资源，例如医疗卫生、社会保障、基础教育等不适合进行市场配置，更适合在政府主导下进行优化配置。政府要健全幼有所育、学有所教、劳有所得、病有所医、老有所养、住有所居、弱有所扶等公共服务制度，进一步加强基础性、普惠性、兜底性的民生建设，消除人们消费的后顾之忧，从而达到扩大消费的目的。

以扩大内需助力形成新发展格局

自加入世界贸易组织以来，我国积极顺应经济全球化的发展趋势，凭借生产要素、人力资本质优价廉的优势全面融入全球价值链，积极学习、引入欧美等发达国家的先进技术，提升我国的生产能力与水平，成为“世界工厂”。在这个时期，我国参与经济全球化表现出以下四个特点。

- 对欧美等发达国家的市场有较强依赖，在全球化竞争中经常受到抵制，导致产能过剩。
- 对欧美等发达国家的技术与品牌有较强依赖，很难形成自主品牌，无法获得高附加值，同时也在一定程度上丧失了发展自主品牌的可能性。
- 随着经济发展进入高质量发展阶段，土地、资源、劳动力等成本不断上升，导致原有的要素优势逐渐丧失。

- 出口在我国经济发展中占据较大的比重，表现出在欧美等发达国家进行的“客场经济全球化”的特征。

在2008年之前，这种模式为我国融入全球市场产生了积极的推动作用，但2008年爆发的金融危机证明这种模式难以持续。为了打造我国在经济全球化过程中的新优势，形成经济发展的新动力源，我国必须积极调整经济全球化战略，充分发挥内需的作用，培育并利用我国超大规模的市场，在我国实现主场经济全球化。

在此模式下，我国参与经济全球化将表现出一系列新特征：第一，内需将成为我国参与经济全球化的重要工具与资源，扩大内需将成为新的战略基点；第二，利用内需拉动进口需求，促进外需增长，吸收全球的创新要素，大力发展创新经济；第三，以进口为主，实现我国主场的经济全球化。

由此可见，新发展格局不是封闭的内循环，而是一个开放程度更高的国际国内双循环。为了形成新发展格局，充分发挥内需的作用，拉动进口，推动产业升级，发展创新经济，我国要做好以下几个方面的工作。

◆把建设全国统一大市场的任务，置于改革政策设计的优先次序

要想实施主场经济全球化战略，必须保证国内市场可以为全球资源与要素提供发展机会。未来，在参与国际市场竞争、主导国际市场发展

方面，我国庞大的国内市场将成为一项绝对优势，其他国家无法复制。想要做到这一点，必须解决我国内需结构存在的各种问题：

（1）消费比重低，投资比重大。2020年，我国最终消费支出占GDP比重大约为54.3%，与西方发达国家的70%~80%相比还有较大差距。

（2）人均可支配收入水平较低，人均GDP与人均可支配收入之间的差距比较大。2020年，全国居民人均可支配收入为32189元，人均GDP为72447元，差距极大。

（3）市场结构失衡，消费品市场、生产资料市场发育充分，竞争激烈，但土地、资本、劳动力等生产要素市场不规范，交易成本较高，在一定程度上抑制了内需增长支撑效应的发挥。

这些问题为我国建设全国统一的大市场造成了一定的阻碍。因此，“十四五”期间，我国应该持续开展市场取向改革，积极推进要素市场化改革，解决上述问题。

◆完善平台建设，广泛吸纳全球科技创新资源，开拓中国参与国际竞争的重要途径

在主场经济全球化发展模式下，以我国庞大的内需市场为依托，人力、技术、知识等全球先进要素将获得全新的发展机会。庞大的内需市场可以创造出大量的投资机会，促使资本、人才等生产要素不断流动，在流动过程中提升其价值，促使其实现更好发展。因此，在新发展格局

下，为了满足开放内需、发展创新经济的需求，我国要将发展重心从吸引外资转向吸引各类技术人才。

为了增强对技术人才的吸引力，我国要建设世界性宜居城市，利用内需提供的市场与事业发展机遇吸引各类高技术人才；将本国项目外包给全球供应商，充分利用全球的智力资源；鼓励企业“走出去”，收购外国企业，吸纳外国企业先进的知识、技术与人才，进一步拓展国内国际市场服务。

◆以进口政策引导产业升级和战略性新兴产业发展，建设现代产业链和产业链集群

在客场经济全球化格局下，我国产业链发展基础比较薄弱。代工企业只要能够获得稳定的利润，就不会主动进行技术研发，推动技术升级，创造自主品牌，只愿意按照国外企业的要求组织生产，进行简单的加工制造出口，无法形成自主可控的产业链。为了改变这种局面，在以内需为主导的新发展格局下，我国要充分利用庞大的内需市场，鼓励各区域形成以战略性新兴产业为主导的现代产业链，鼓励企业积极引入先进的技术设备，推动传统产业链转型升级。例如，电子机械加工企业可以对产业链进行信息化改造，提高自动化生产水平，降低能耗，进一步提高生产效率，保证生产安全，创造更大的经济利益与社会效益。

◆加强进口品在国内产业之间的循环，努力构建国内价值链，促进以国内大循环为主体、国内国际双循环相互促进的新发展格局加快形成

在客场经济全球化格局下，中国产业链发展严重依赖出口，国内企业融入全球价值链的主要方式就是国际代工，形成了巨大的低端产能，导致关键技术与关键环节的产品供给严重不足。在推进主场经济全球化的过程中，政府要鼓励国内企业立足于国内市场构建自主可控的国内价值链，对价值链高端的技术与市场形成绝对掌控，创建有利于形成内循环的治理规则。

第十五章
我国消费市场的现状、问题与对策

当前我国消费市场的现状与特点

随着经济不断发展，我国的消费市场进入一个全新的发展阶段，消费需求成为我国经济实现高质量发展的重要标志。为了提高消费需求的质量，推动消费升级，加快消费结构改革，提高消费意愿，创新消费模式，政府做出“进一步扩大内需、促进消费升级”的战略部署，以期通过需求侧改革推动我国经济实现高质量发展。

◆当前我国消费市场的发展现状

从社会消费品的零售情况来看，2016年，我国社会消费品零售总额为332316亿元，2019年，我国社会消费品零售总额为411649亿元。

即便在疫情影响下，2020年前11个月，我国社会消费品零售总额也达到了351415亿元。未来，我国消费需求将不断扩大，社会消费品零售规模将继续增长。

在消费结构方面，近年来，我国居民在食品、服装等日常物质消费领域的支出比重有所下降，在交通、通信、教育、文化、娱乐等服务领域的支出占比持续提升，说明我国消费结构发生了一定的变化，同时也说明我国居民的消费需求开始从日常物质型消费向服务型消费转移，经济迈入高质量发展阶段。

在消费模式方面，线下消费是我国传统的消费模式，但随着互联网快速崛起，电子商务飞速发展，线上消费已经成为主流的消费模式。未来，随着大数据、物联网、云计算、人工智能等新技术在零售行业的广泛应用，一些新型零售业态与消费模式可能会应运而生，从而改变人们的消费行为与习惯。由此可见，随着社会不断发展，我国消费模式也将不断革新，催生一系列新模式，提高经济发展质量与效率。

◆我国当前消费市场的主要特点

在目前的国内外大环境下，形成强大的国内市场是构建新发展格局的重要支撑，而关于扩大消费，中央经济工作会议做出了有序取消一些行政性限制消费购买的规定、完善职业技术教育体系、合理增加公共消费、大力发展数字经济等一系列部署。通过对2020年国内宏观经济相关数据的分析，可以发现我国当前的消费主要表现为四个特点：

（1）经济增长的内生动能开始恢复。受新冠肺炎疫情对全球经济的冲击，我国经济的内生动力减弱。2020年上半年，我国国内最终消费恢复明显弱于固定资产投资和出口，同时民间投资占比较高的制造业投资恢复缓慢，各方面需求恢复仍不平衡，经济增长的内生动力仍待修复。但2020年下半年的数据显示，需求恢复逐步趋于平衡，并且有望进一步加快。

（2）疫情对于消费场景的限制有所减弱。受疫情影响，线下接触式消费受到明显冲击，"宅经济"带动新型消费模式加快发展。2020年，全国网上零售额比上年增长10.9%。其中，实物商品网上零售额增长14.8%，明显好于同期社会消费品零售总额；实物商品网上零售额占社会消费品零售总额的比重为24.9%。

随着疫情逐步得到控制，居民生活秩序恢复，线下消费明显复苏。2020年，限额以上超市商品零售额比上年增长3.1%，增速比前三季度加快0.2个百分点；百货店、专业店和专卖店商品零售额降幅分别比前三季度收窄6.8个、3.8个和5.4个百分点。可见，疫情对于消费场景的限制已经有所减弱。

（3）国内消费结构呈现出极大分化。国家统计局公布的数据显示，国内的消费结构呈现出比较大的分化。疫情初期，基本生活类及医药类商品快速增长。而疫情得到有效控制后，升级类商品消费需求持续释放。2020年，办公用品类、体育娱乐用品类、化妆品类和通信器材类等消费升级类商品零售额增速明显高于商品零售平均水平。其中，第四季度限额以上单位体育娱乐用品类、金银珠宝类、化妆品类和通信器材类商品零售额同比分别增长11.9%、17.3%、21.2%和26.0%。

（4）城镇储户储蓄倾向未见回落。2019年底，我国城镇居民可支配收入储蓄占比为45.7%，2020年第四季度这一数据提升为51.4%。出现这一现象是因为受到疫情冲击的影响，需要警惕其会否给我国经济发展带来中长期影响。

我国消费需求面临的主要问题

目前，我国消费需求市场的发展已经迈入新阶段，市场规模不断扩大，结构不断优化，模式也实现了创新，对我国经济发展产生了间接的推动作用。但由于各地区的政策不同，城乡差异较大，我国消费需求市场的扩大面临着很多问题。

随着国家经济的发展，居民的收入水平必然会上升。但参考凯恩斯的边际消费倾向递减理论可知，在居民的收入水平上升的过程中，平均消费倾向有下滑的趋势。因此，提升居民消费倾向是一项中长期挑战。而且，以下四个原因也会降低居民的消费倾向。

◆居民收入增速的放缓

参考杜森贝里的相对收入假说，居民的消费倾向取决于当期收入与预期收入水平。虽然与世界发达经济体相比，未来几年我国的经济增长速度仍然比较快，但由于经济转型期增速换挡以及逆全球化趋势等因素的影响，我国居民的收入水平和消费倾向都不可避免地会受到影响。

◆贫富差距扩大

由于收入不同导致的边际消费倾向的不同，贫富差距扩大也会降低全社会的平均消费倾向。参考全球发达经济体的发展过程，不难发现贫富差距扩大是国家经济发展中难以挣脱的桎梏。而随着城镇化、工业化进程放缓，我国城乡收入差距收窄对收入分配公平性的拉动正不断减弱；此外，金融和IT行业等快速发展，也会进一步加剧我国的贫富差距。

◆人口老龄化加快

居民收入增速放缓和贫富差距扩大会降低居民的消费倾向，而这两点与人口老龄化的加快也有一定的关联。

就居民收入增速的放缓来看，一方面是由于我国人口老龄化问题日益严重，能够参与社会劳动的人口数量逐年减少，进而使得经济增速减缓；另一方面，我国的基本养老金承担压力比较大，中国社科院世界社保研究中心发布《中国养老金精算报告2019—2050》预测，我国城镇职工基本养老保险基金的累计结余在2035年或将耗尽，而这也导致了消费增长的前景堪忧。

而从贫富差距扩大方面来看，人口老龄化加剧会带来更严重的收入分配不均，使得我国的贫富差距问题愈加突出。

以日本为例，在经济增长趋于停滞的情况下，国家人口老龄化加剧使得其基尼系数不断增长。2005年，日本的基尼系数为0.53，显示国家人均收入悬殊，而2017年这一数字则增长为0.56。不过，由于日本的养老和社会保障制度相对完善，对收入的再分配在一定程度上减缓了人口老龄化加重导致的收入分配不均。

◆房价高企挤压消费

由于住房对居民生活的重要影响，房价高企已经成为推升中国居民杠杆率的重要原因。根据中国人民银行发布的《中国区域金融运行报告（2019）》，居民杠杆率水平对消费增长具有明显的负面影响。在人均可支配收入增幅与社会融资规模增量等不变的条件下，居民杠杆率提升1%，社会零售品消费总额增速则会下降0.3%。

但是，这并不意味着降低房价就一定可以提升居民的消费倾向。以美国次贷危机为例，房地产市场崩盘不仅加剧了美国的贫富差距，而且制约了国家经济和消费的发展。而从我国目前的发展情况来看，新型城镇化在助力房地产市场平稳过渡的同时，也在一定程度上为消费升级提供助力。

影响居民消费水平的两大因素

需求拉动经济增长，还是供给拉动经济增长，是经济学领域一个存在争议的话题。在现实生活中，经济的发展离不开供给与需求的双重作用，需求拉动供给，同时供给也创造需求，这两者缺一不可。纵观世界各国的经济发展史，有通过增加政府支出刺激需求促进经济增长的，也有通过推行税制改革、放松管制、削减福利开支等措施刺激供给，帮助本国经济走出滞胀困境的。

其实，无论政府出台何种经济政策，采取何种干预措施，都不会影响供给与需求的总量，影响的只是供给与需求的结构而已。在中国，经济学家认为影响经济增长的持续性与效率的因素有两个，一是居民消费不足，二是投资率过高。为了扩大居民消费，降低经济发展对投资需求的依赖，我国政府在“十四五”规划建议中提出了双循环发展战略，而后，在2020年底的中共中央政治局会议上又提出了需求侧改革，为未来几年的经济发展指明了方向。

从居民最终消费支出在国民生产总值中的占比来看，近几年，我国的这一比值有所提升，但距离发达国家与中等收入国家的平均水平还有很大差距。根据世界银行、经合组织（Organization for Economic Co-operation and Development，OECD）和亚洲开发银行公布的数据，OECD国家居民的消费支出在国民生产总值中的占比均值为70%，日本、韩国分别为68%和57%，而中国只有47%。

居民消费水平主要受两大因素影响，一是居民可支配收入，二是居民储蓄。根据国家统计局发布的数据，2020年我国居民储蓄在GDP中的占比达到了40%，居民可支配收入在GDP中的占比大约为43.4%。而在OECD国家，居民储蓄在GDP中的占比平均为7%，居民可支配收入在GDP中的占比平均为77%。其中，日本居民可支配收入在GDP中的占比为74%，居民储蓄的GDP占比为6%；韩国居民可支配收入在GDP中的占比为64%，居民储蓄的GDP占比为7%。

以印度为例，居民储蓄在GDP中的占比大约为21%，居民可支配收入在GDP中的占比为84%。OECD收入较低的8个国家，即人均GDP为1.5万～3万美元的国家，居民储蓄在GDP中的占比大约为4%，居民实际可支配收入在GDP中的占比大约为73%。通过对比发现，中国居民的储蓄率偏高，这可能是导致居民消费不足的主要原因。

我国居民储蓄在GDP中的占比情况经历了一个从增到减的过程，从20世纪90年代初到2010年，中国居民储蓄的GDP占比从19%提升到25%，之后有所下降，到2019年降至21%，2020年又回升至40%。在2010年之前，经济发展速度较快，收入差距扩大、劳动人口在总人口中的占比大幅提升，导致居民储蓄率不断增长。再加上当时社会保障体系不完善，消费信贷发展不足，导致居民增加了很多预防性储蓄。2010年之后，中国GDP增长速度开始放缓，劳动人口在总人口中的占比开始下降，收入差距不断缩小、社会保障体系不断完善、消费信贷快速发展、居民消费不断升级，导致储蓄率有所下降。2020年，受疫情以及各种不稳定因素的影响，人们开始增加储蓄，缩减开支，导致储蓄率大幅提升。

增加居民消费支出占GDP比重

未来几年，我国GDP增长速度将进一步放缓，受人口老龄化的影响，劳动人口在总人口中的占比也将不断下降，这些都将导致居民储蓄率持续下降。但因为居民收入差距仍比较大，社会保障体系亟待完善，再加上城市房价不断上涨，为了应对不确定性风险，居民仍会增加储蓄。

要提高居民消费在GDP中的占比就要降低其他项目在GDP中的比重，包括政府最终消费支出、资本形成、净出口等。在资本形成方面，从2004年开始，资本形成总额在GDP中的占比始终保持在40%以上，2011年甚至达到了47%，虽然近年来有所下降，但2019年仍达到了43.3%。而根据OECD发布的数据，OECD国家资本形成总额在GDP中的占比平均为22%，中等收入国家为30%，日本为24%，韩国为31%。相比来说，我国要高出很多。

过去三十年，投资在拉动经济增长方面发挥了重要作用，同时为科技创新提供了强有力的支持。但近年来，由于部分产业存在比较严重的重复建设问题，产能过剩，再加上增量资本与产出之比不断提升，导致很多政界人士、学界人士呼吁降低投资率，提高投资效率。

据统计，2001—2005年，中国增量资本与产出比大约为3.9，到2015—2019年，已经增长至6.4，增长幅度达到了62%。在这段时间里，OECD国家的增量资本与产出比没有太大变化，中等收入国家的平均增幅为29%。很多人认为，增量资本与产出比的快速增长说明中国投资效率正在快速下降，但也有人认为，增量资本与产出比的快速增长说明中国经济发展水平正在快速提升。除增量资本与产出比的增长之外，中国总投资率较高、部分行业产能过剩、重复建设问题比较严重等，也是切实存在的问题。

在政府最终消费支出方面，中国政府最终消费支出在GDP中的占比一直处于较高水平，比亚洲发展中国家的平均水平11.2%要高很多。按照2017年的数据，中国政府最终消费支出的GDP占比为15.9%。随着经济发展水平不断提升，居民收入不断增长，政府最终消费支出在GDP中的占比会不断提升，不断向欧元区国家靠拢。据了解，2019年，欧元区国家政府最终消费支出在GDP中的占比平均为20.8%，如果将用于居民个人消费的部分剔除，剩余部分在GDP中的占比平均为7.8%。

在净出口方面，出口一直是拉动我国经济增长的主要动力。净出口的增加可以在一定程度上减少GDP增长对内需的依赖。自改革开放以来，我国净出口在GDP中的占比持续增长，到2007年达到最高，为8.7%。2008年的金融危机之后，净出口在GDP中的占比开始下降，近几年降到了1%～2%。受国际经济、政治形势的影响，我国很难再通过增加净出口拉动经济快速增长，同时也不可能为了增加居民消费而扩大贸易逆差。

综上所述，在双循环战略背景下，我国政府要进行需求侧改革，最可行的方案就是降低居民储蓄在GDP中的占比，增加居民消费支出在GDP中的占比。虽然居民实际可支配收入在GDP中的占比存在一定的增长空间，但空间不是很大。而增加居民消费支出在GDP中的占比，则意味着要降低资本形成在GDP中的占比。需要注意的是，虽然我国的投资率很高，但相较于西方发达国家，人均资本存量仍存在较大差距。也就是说，未来几年，我国要继续保持较高的投资率。借鉴发达国家的经验，未来十年，在满足增长需求的前提下，我国可以通过提高投资率，降低资本形成在GDP中的占比，将其占比从目前的43%降至35%。

第十六章

多措并举：完善促进消费体制机制

推动完善宏观调控政策体系

新冠肺炎疫情在全球的流行以及中美贸易摩擦导致我国外需锐减，给经济发展造成了一定的冲击。实践证明，扩大内需是应对此类危机、调整我国经济发展结构、保证经济稳定发展的重要举措。结合我国的实际情况，扩大内需就是要优化调整投资与消费的比例，提高消费在GDP中的比重，扩大居民的消费需求。

扩大内需的重点在于扩大消费，尤其是居民消费。为此，政府要加快建立支持居民消费的宏观调控政策体系，为居民消费创造一个良好的外部环境，具体要做好以下几点。

◆加大宏观政策的调控力度

国家要对新冠肺炎疫情带来的冲击、风险和不确定性进行准确预估，实施更加积极的财政政策，通过提高赤字率、发行抗疫特别国债、增发地方政府专项债权、增加公共消费等，将财政资金的作用充分发挥出来，实现扩大内需、稳定经济增长的目标。为了通过财政货币政策为实体经济提供更多支持，需要提升政策的灵活性，采取降准、降息、再贷款等措施，引导贷款利率下行，减轻中小企业的负担。

◆积极推动要素市场化配置改革

提高各种要素的配置效率，不断提升经济发展质量；提高低收入群体的收入水平，扩大中等收入群体的规模，完善收入分配制度，持续扩大消费；深化“放管服”改革，不断完善管理机制，激发民间投资的积极性；不断完善物资储备制度，保证我国的粮食安全、能源安全；不断完善有利于“三农”发展的体制机制，稳定农产品与重要副食的价格与供应，进一步巩固农业的基础地位。

◆发挥金融行业对消费的促进作用

通过财政资金的转移支付提高低收入群体的消费能力，通过“家电下乡”“节能产品惠民工程”“汽车家电以旧换新”等补贴政策推动居民消费升级，全面开拓农村的消费市场，释放农村市场的消费力；通过调整税率促使消费市场不断扩张，对消费品生产产生积极的推动作用。降低居民的储蓄率，让更多资金流向消费领域，而非投资领域；为居民提供种类更加齐全的金融工具，制定更加灵活的信贷措施，缓解居民的还贷压力，不断扩大居民消费；通过税收优惠、减征缓征、减费免费等政策，加大对劳动密集型行业的支持，扩大劳动就业。

◆大力推动服务业发展

随着国内经济的发展和居民消费观念的转变，服务消费的占比会逐渐提高。因此，应该进一步推进服务业的发展，完善服务行业相关配套设施，使得服务市场更加开放、具有更强的活力和生命力。从政府层面来看，应该突破服务行业体制机制的障碍，以服务消费带动经济发展。

服务业主要为居民提供最终消费品，服务业的发展可以带动居民消费，服务业发展程度越高，居民消费就越旺盛。为了鼓励服务业发展，政府要适当减少对服务行业的限制，降低税负，吸引更多民间资本进入。

加大农村基础设施建设力度

我国农村人口在总人口中的占比超过了60%，农村市场蕴藏着巨大的消费潜力。积极开拓农村的消费市场，推动城镇消费升级，对于提高全社会的消费水平至关重要。

从地方政策来看，虽然我国消费市场出现了很多新模式，但各个地区的服务、监管政策存在较大差异，对新模式的发展产生了一定的限制，导致各地区新模式的发展出现了较大差异，例如在西部偏远地区，电商、物流发展程度不高，还没有实现全覆盖。

从城乡差异来看，到目前为止，城镇居民消费的增长速度始终高于农村，导致这一现象的原因主要有以下两点：第一，城镇居民与农村居民的收入存在较大差距，城镇居民的消费渠道相对较多，农村居民的消费渠道较少，而且城镇居民的社会保障体系相对比较完善；第二，城镇居民的杠杆率较高，在住宅、教育、娱乐等方面得到的支持比农村居民高很多。

如果以人均消费性支出在人均可支配收入中的占比衡量，2002年，我国城镇居民的消费倾向是78.3%，而美国的这一数据为80.2%；2019年，中国和美国的消费倾向分别为66.3%和78.4%，差距进一步拉大。

◆提高农村居民的收入水平

建立城镇最低生活保障制度，扩大就业，全面保障农民工的利益，通过政策扶持与财政倾斜支持农村地区的经济发展，全面提高农村居民的购买力，释放农村市场的消费潜力。

◆积极调整政府的投资结构

政府要加大对农村地区的投资力度，积极推进农村地区的公共基础设施建设，包括水、电、气、路、学校、医院等，推动城乡基本公共服务实现均等化，改变城乡二元结构在社会财富分配方面的巨大差距，改善农村居民的生活环境与消费环境，推动消费不断升级。

◆推动农村地区的支持保护政策不断完善

扩大公共财政在农村地区的渗透范围，不断提升各级财政支农投入的总量与比重。同时，对支持农业发展的各项政策进行持续完善，稳定现行的土地承包经营关系，允许农民通过转包、出租、互换、转让、股份合作等方式推动土地承包经营权流转，不断推进集体林权制度改革，推动林业更好地发展，从而增加农民收入，增加农民的消费支出。

◆积极推进工业化、城镇化发展

大力发展农村地区的工业、服务业，大力支持新型城镇建设，提高县域经济发展水平与质量。同时，不断完善进城务工群体的利益保障机制，逐步破除城乡分割的户籍制度，解决农民工子女的入学问题以及农民工在城市的生活问题等。

积极推进社会保障体系建设

完善的社会保障体系是扩大居民消费的重要基础。一方面，我国要积极完善社会保障体系，健全城乡居民的养老、医疗、住房等保障制度，全面落实城乡居民的各项就业扶持政策，通过完善社会保障体系、拓展收入途径、提高居民的消费意愿，增强居民的消费信心，缩小城乡居民的消费差距；另一方面，进一步拓展农村居民的消费渠道，在农村地区大力发展网络零售、无人零售等新零售模式，通过政策与企业合作，全面释放农村居民的消费需求，提高农村居民的消费意愿，对稳定经济发展产生积极的推动作用。

扩大居民消费的前提就是让居民敢消费。为此，我国要积极推进社会保障体系建设，改善居民的消费预期，增强居民的消费信心，具体要做到以下三点。

◆进一步扩大基本养老保障制度的覆盖范围

目前，我国养老保障体系仍处在建设阶段，一些农村地区没有覆盖到位，体系本身也存在较多漏洞。当前，养老保障体系建设的重点任务就是扩大覆盖范围，将广大农民与城镇地区的非从业者纳入保障范围，不断完善城镇职工基本养老保险制度，让所有城乡劳动者都能享受到应有的福利与保障。

◆进一步加大对教育、卫生等领域的支持力度

虽然我国一直增加在教育、卫生等领域的投入，但这部分投入在GDP中的占比远远低于发达国家的平均水平。2019年，我国在教育领域的支出在GDP中的占比大约为4%，在卫生领域的支出在GDP中的占

比大约为3%，远低于OECD国家5.1%和7.6%的平均水平，这也意味着我国在教育、卫生等领域的投入还有很大的增长空间。在教育领域，我国可以延长义务教育的年限；在卫生领域，我国可以进一步完善医疗保障体系，缩小各地区之间以及城乡之间的差距。这些举措的实施可以有效降低居民的储蓄率，增加居民的可支配收入，改善收入分配。

从2003年开始，我国医疗保障体系的建设步伐不断加快，到目前为止基本形成了城镇职工基本医疗保险、城镇居民基本医疗保险和新型农村合作医疗的三元医疗保障体系，基本做到了让人人享有医疗保障。但保障水平普遍较低，医疗资源的分布严重失衡，导致“看病难，看病贵”问题依然存在。为了解决这一问题，我国不仅要扩大基本医疗保障制度的覆盖范围，而且要提升医疗保障水平，让基本医疗保障制度实现可持续发展。

◆进一步完善失业保险、工伤保险、生育保险等保障制度

扩大这三类保险的覆盖范围，保证职工的基本权益。同时，进一步完善社会救助、社会福利、社会优抚体系建设，及时为社会贫困人员和受灾群众提供救助，不断完善文化教育、公共卫生、公共娱乐、市政建设、住房津贴、廉租房建设等社会福利事业，及时为困难群体提供社会援助。同时，要不断完善城乡居民最低生活保障制度，逐步扩大覆盖范围，提高救助标准，不断提高贫困居民的生活水平，释放这部分居民的消费潜力。

进一步提高居民消费意愿和能力

经济学将投资、消费、出口视为拉动经济增长的“三驾马车”。在我国过去的经济发展中，消费并没有对经济增长产生强有力的拉动作用。因此，在需求侧改革的背景下，扩大内需必须提高消费能力与消费意愿。在这个过程中，所有阻碍消费能力与消费意愿提升的因素都需要被改革。

目前，制约消费水平提升的关键要素就是消费能力。为了解决这一问题，一方面，我国要增加就业，调整税收制度，提高居民的收入水平，缩小收入差距，增加国民福利，完善社会保障，让居民能消费、敢消费；另一方面，政府要进一步减轻居民在住房、医疗、教育等领域的刚性支出，增加居民在旅游出行等服务行业的支出，将国民消费潜力充分释放出来。

在国家政策的支持下，内需加快释放，全方位消费升级成为大势所趋，必然会给一些产业带来新的发展机遇。例如，汽车、家用电器等耐用品将迎来广阔的市场发展空间；大数据、工业互联网、人工智能等5G相关产业将成为新的增长点；在线教育、大健康等行业处于发展初期，未来发展空间较大；旅游产业链需要不断升级，挖掘居民的消费潜力，创造更多经济效益。

◆居民收入是消费增长的根源

目前，我国正处于产业转型升级的关键时期，其中，制造业向服务业的转型是一项重点内容。现代服务业的打造，可以使中国经济的潜在增长率维持相对稳定，为我国居民人均收入和消费的提升提供源源不断的动力。此外，新型城镇化的推进以及市场开放性的提高，也会使生产要素向生产率更高的产业流动，以进一步带动经济发展。

◆避免贫富差距扩大

近几年，我国的人口问题愈来愈突出。具体表现为两个方面，一是人口总数量走向负增长，人口红利逐渐消失；二是人口老龄化问题突出。根据联合国的研究预测，2040年我国65岁以上人口占比将上升到24%，2015年以后我国人口老龄化发展速度与日本1990—2015年的老龄化速度相近。因此，需要避免出现类似日本的贫富差距扩大、消费倾向走低的“怪圈”，大力发展第二第三支柱养老保险，完善多支柱养老保险体系。

◆补贴企业与补贴居民的辩证分析

随着国家经济的发展，我国用于公共教育、医疗、社会保障、住房保障等方面的财政支出逐年提高，但与发达国家相比，该投入比例仍然稍低。而在新冠肺炎疫情暴发后，我国采取的疫情补助主要用于补贴企业复工复产，而西方发达国家则着重补贴居民，对待这一问题也应该辩证地进行分析。

一方面，补贴企业具有一定的弊端，可能影响产业结构的推陈出新，对市场的运转规律产生一定的影响；另一方面，补贴企业在特殊时期具有一定的必要性，更有利于修复生产、稳定供应链，对国家经济的提升具有明显的推动作用。

◆投资占比与产业结构应围绕消费需求布局

虽然消费需求最直接的反馈为居民消费的增长或消费占比的提升，但要真正构建以国内大循环为主体的发展格局，形成消费引领型经济，最终的落脚点应该为以消费带动投资、以消费需求为参考调整产业结构，而非以投资占比或出口导向布局产业结构。

综上，几年的供给侧结构性改革加速了我国的产能出清和行业洗牌，而国内外经历巨变背景下的需求侧管理，为中国经济提供了增速换挡的契机，为居民收入和消费的持续增长提供了更加充足的动能。